BASTEI
LÜBBE

Über dieses Buch:

Unfruchtbarkeit ist ein weit verbreitetes Leiden. Liegt es daran, dass immer mehr Paare sich erst spät entschließen, Kinder zu bekommen? Oder lässt unser Körper uns im Stich? Liegt es vielleicht an seelischen Faktoren, wenn »es« nicht klappt? Hunderttausende Paare stehen vor den gleichen Fragen, den gleichen Herausforderungen wie Birgit und Thomas Schork: Immer wieder abzuwägen, wie stark der Wunsch nach dem eigenen Kind ist, immer wieder darüber nachzudenken, was man bereit ist zu geben. Und immer wieder neu zu überlegen, was es bedeuten würde, sich auf ein Leben ohne eigene Kinder einstellen zu müssen.

Birgit und Thomas waren sich immer sicher, wie sie diese Fragen beantworten würden, über viele Jahre hinweg. Sie haben alle Möglichkeiten der Medizin ausgereizt, alle körperlichen und seelischen Belastungen ertragen, alle Niederlagen hingenommen und dennoch nie aufgegeben. In diesem Buch schildert Birgit Schork offen und ehrlich, wie sie die Strapazen einer langen Odyssee durch deutsche Arztpraxen und Beratungszentren empfunden hat – und wie sie die ersten Monate mit ihrem lang ersehnten Nachwuchs erlebte.

Über die Autorin:

Birgit Schork und ihr Ehemann Thomas sind dem deutschen Fernsehpublikum aus der mehrteiligen ZDF-Dokumentation »Wunschkinder« bekannt. Sie leben bei Heidelberg – seit September 2003 gemeinsam mit ihren Zwillingen Leon und Connor.

Birgit Schork

Alles für ein Kind

Zwölf Jahre Warten auf das Wunschkind. Dann kam das doppelte Glück

Aufgezeichnet von
Manuela Runge

BASTEI LÜBBE

BASTEI LÜBBE TASCHENBUCH
Band 61561

1. Auflage: Februar 2005

*Das vorliegende Buch beruht auf Tatsachen.
Zum Schutz der Rechte sämtlicher Personen wurden Namen
und Details verändert.*

Bastei Lübbe Taschenbücher ist ein Imprint
der Verlagsgruppe Lübbe

Originalausgabe

Redaktion: Sylvia Gredig
Titelbild: Royalty Free/CORBIS
Einbandgestaltung: Gisela Kullowatz
Satz: Textverarbeitung Garbe, Köln
Druck und Verarbeitung: Ebner & Spiegel, Ulm
Printed in Germany
ISBN 3-404-61561-1

Sie finden uns im Internet unter
www.luebbe.de

Der Preis dieses Bandes versteht sich einschließlich
der gesetzlichen Mehrwertsteuer.

INHALT

VORWORT

Schon mit 18 wollte ich ein Kind bekommen. Ich kann nicht erklären, warum. Ich weiß nur, dass ich unbedingt Mutter werden wollte, und das um jeden Preis. Wie hoch dieser Preis werden sollte, welche Qualen es für meinen Körper und für meine Seele bedeutete, 15 Jahre lang, ahnte ich damals zum Glück noch nicht. Aber vielleicht hätte mich nicht einmal das Wissen darum abgeschreckt. Heute bin ich froh, dass ich das alles auf mich genommen habe. Ich halte meine Zwillinge Leon und Connor im Arm – und kann es noch immer nicht fassen …

KAPITEL 1

Befruchtung vor laufender Kamera

Das Sperma ist aufbereitet, bitte begeben Sie sich auf den Stuhl, Frau Schork.«

Nachdem ich Platz genommen hatte, wurde meine Scham mit einem weißen Tuch abgedeckt. Die Laborantin hielt einen Katheter in der Hand, in dem sich der Samen meines Mannes befand. Thomas hatte ihn eine halbe Stunde zuvor in einen Plastikbecher gespendet. Zuerst hatte er es allein versucht, während ich aufgeregt vor dem Kämmerchen auf- und abging, in dem sich nicht viel mehr als ein Waschbecken und ein kleiner Tisch mit ein paar anregenden Zeitschriften befanden – lediglich orangefarbene Vorhänge vor dem Fenster sorgten für etwas Gemütlichkeit. Wahrscheinlich irritierte Thomas das nervöse Klappern meiner Absätze auf dem Gang. Als er nach 20 Minuten noch immer nicht herauskam, bin ich einfach hineingegangen und habe ihm geholfen.

Eine Stunde später war der Samen, den man im Labor gereinigt, konzentriert und danach in einen Katheter aufgezogen hatte, präpariert zur Befruchtung. Thomas setzte sich neben mich und nahm meine Hand. Wir waren aufgeregt wie bei einem Date, obwohl es bereits unsere zweite Insemination war – doch diesmal filmte eine Kamera den Vorgang.

»Sie wissen ja, dass es kein großer Eingriff ist«, versuchte uns Frau Doktor S. zu beruhigen. »Sie haben hoffentlich gut geschlafen heute Nacht.«

Von wegen! Wir hatten den Wecker überhört und waren dann mit 140 Stundenkilometern über die Landstraße von Dielheim nach Heidelberg gerast. Wir verschlafen sonst eher selten, und ich ärgerte mich darüber, dass uns das ausgerechnet an einem Drehtag passieren musste. Als wäre die Vorstellung, vor laufender Kamera befruchtet zu werden, nicht schon aufregend genug!

Und nun lag ich halb nackt auf diesem Stuhl und spürte – während einem der intimsten Vorgänge, die man sich wohl vorstellen kann – hinter mir nicht nur die Augen der Kamera, sondern auch die Blicke von drei Männern und einer Frau.

»Sind Sie jetzt bereit?«

Ich sah Thomas an und streichelte ihm über die Wange.

Wir nickten.

Als die Gynäkologin den Katheter in meine Gebärmutter einführte, fühlte ich ein leichtes Piksen. Thomas drückte meine Hand. Ich wusste, wie verlegen er war. Seine Frau den Blicken anderer Männer preiszugeben, fiel ihm nicht leicht. Er mochte es auch nicht, einen FKK-Strand zu besuchen. »Es hat keinen zu interessieren, was an meiner Frau dran ist«, sagte er einmal.

Aber auch mir war die Situation unangenehm, und ich versuchte, nicht daran zu denken, wer sich alles im Raum befand. Außerdem sagte ich mir, dass es für einen guten Zweck war – das half!

Der Eingriff dauerte schließlich nur wenige Sekunden. Danach verließen das Fernsehteam und die Ärztin das Zimmer. Endlich waren wir allein.

»Er soll Pierre heißen«, sagt Thomas.

»Also ich bin für Eileen!«, sagte ich lächelnd und gab ihm einen Kuss.

Vierzehn Tage später wurde der Schwangerschaftstest gemacht. Negativ. Ich hatte es vorher bereits gespürt. Mitten bei der Arbeit überfiel mich das bekannte Ziehen im Rücken und im Unterleib. Meine Stimmung sank auf den Nullpunkt. Ich war wütend und traurig zugleich und haderte mit meinem Schicksal. Bei uns hätte ein Kind doch alles, was es sich nur wünschen kann. Ich sehnte mich doch nur nach einer eigenen kleinen Familie. Warum wurde mir das verwehrt?

Die erste erfolglose Insemination hatte ich noch gelassen gesehen. Warum sollte es gleich beim ersten Mal fruchten? Ich war 30 gewesen und hatte schon seit zwölf Jahren versucht, schwanger zu werden – zunächst in meiner ersten Ehe und dann mit meinem zweiten Mann Thomas.

Nachdem es auf normalem Wege nicht geklappt hatte, vertraute ich auf die Segnungen der modernen Reproduktionsmedizin. Außerdem hatte die Heidelberger Kinderwunschsprechstunde einen guten Ruf.

Doch es gab von Beginn an kleine Hindernisse. Da ich nur einen funktionstüchtigen Eileiter habe, durch den das Ei in die Gebärmutter gelangen kann, waren nur drei bis vier Inseminationen im Jahr möglich. Jeder Monat, in dem ich nichts unternehmen konnte, schien mir vertan zu sein. Die Zeit lief mir davon. Unmittelbar nach der ersten Insemination plante ich deshalb im darauf folgenden Zyklus sofort die nächste. Um den Zeitpunkt des Eisprungs zu bestimmen, musste ich regelmäßig in die Klinik. Im Schnitt verbrachten wir drei bis vier Tage im Monat beim Arzt – immer gemeinsam. Thomas begleitete mich zum Ultraschall, um zu sehen, ob überhaupt ein Ei reifte und wenn ja, ob auf der richtigen Seite mit dem durchgängigen Eileiter, und er kam auch zur Blutabnahme mit, entweder noch am selben Tag oder zwei Tage später, um den Eisprung zu bestimmen. Anschließend warteten wir auf die Laborergebnisse. Nur wenn die Östradiolwerte gut genug waren, hatte eine Insemination Sinn.

Wir mussten den Laborwerten oft hinterhertelefonieren, deshalb war ich froh, dass Thomas das meistens erledigte. Ich hoffte diesmal sehr, dass wir weitermachen könnten, ich fühlte Kraft in mir und war optimistischer als sonst. Doch dann sah ich Thomas' Gesicht beim Telefonieren, kurz darauf seinen fast entschuldigenden Blick zu mir herüber, und die Hoffnung zerstob. Mein Körper wurde schwer wie Blei. Ich fühlte mich leer und allein. Thomas hatte den Hörer aufgelegt und sich an den Computer gesetzt. Dorthin flüchtete er sich, wenn er enttäuscht war. Ich saß am Tisch und drehte endlos eine Streichholzschachtel in den Händen. Tränen stiegen in mir hoch, die mich fast wütend machten und die ich deshalb auch nicht rauslassen wollte. War es doch *nur* die Nachricht, dass es diesen Monat keine Insemination geben würde, also noch nicht einmal ein wirklich negatives Ergebnis. Ich wünschte mir, Thomas würde irgendetwas Tröstliches zu mir sagen, aber er drehte sich nicht zu mir um und blieb stumm; ich selbst war nicht in der Lage, auf ihn zuzugehen. So saßen wir eine Weile da, jeder in seiner Einsamkeit vergraben, bis ich plötzlich ein leises »Komm her, Schatz« hörte. Und da flog ich in seine Arme und konnte endlich weinen.

Im Mai 2000 war es dann endlich so weit. Ein Ei war auf der richtigen Seite gereift, und wir bekamen einen Termin für die zweite Insemination in der Heidelberger Universitätsklinik. Bei einer der zuvor stattfindenden Ultraschalluntersuchungen hatten wir die Autorin und Moderatorin Susanne Wieseler vom ZDF kennen gelernt. Zusammen mit ihrem Mann Michael Wieseler und Heiner Gatzemeier, dem Leiter der ZDF-Redaktion *Dokumentationen*, plante sie eine mehrteilige Sendung über ungewollte Kinderlosigkeit. Sie hatten sich dafür an die Heidelberger Kinderwunschsprechstunde gewandt und Frau Doktor S., die eine unserer Ärztinnen war, um Hilfe bei der Suche nach geeigneten Paaren gebeten. Diese sollten bereit sein, sich anderthalb Jahre lang bei dem Versuch, schwanger zu werden, mit der Kamera begleiten zu lassen und sich sowohl bei Untersuchungen und Eingriffen als auch in privaten Situationen der Öffentlichkeit zu zeigen.

Dass ein Interesse an diesem Thema bestand, wunderte mich nicht. Ich hatte es erst kaum glauben können, als ich mich damit zu beschäftigen begann, aber es ist erwiesen, dass jedes dritte Paar in Deutschland Probleme hat, spontan schwanger zu werden. Die Gründe dafür sind vielfältig: Sei es, dass eine leicht behebbare Entzündung vorliegt, eine Pilzerkrankung, verklebte Eileiter, Wucherungen in der Gebärmutter, Allergien, Stress oder ungenügender Samen. Ab Mitte 30 sinkt bei der Frau die Fruchtbarkeit, ab 40 ist sie nur noch bei zehn Prozent. Zwischen zehn und fünfzehn Prozent aller Paare haben Schwierigkeiten, innerhalb eines Jahres Eltern zu werden. Pro Jahr wenden sich derzeit 50 000 Paare, die ungewollt kinderlos sind, an Ärzte oder Zentren für künstliche Befruchtung. Vor rund sechs Jahren waren es nur halb so viele.[1] Bei rund 40 000 geborenen Kindern eines Jahrgangs ging eine Sterilitätstherapie voraus. Trotz dieser erstaunlichen Zahlen sprechen nur wenige Betroffene über ihre Kinderlosigkeit. Vermutlich weil die Unfähigkeit, diese »na-

---

1 Die Zahlen stammen aus: *Die Zeit* vom 12.2.2004 sowie dem Internet.

türlichste Sache der Welt« zum Erfolg zu führen, als Makel gilt. Obwohl jährlich etwa 12 000 Kinder nach einer In-vitro-Fertilisation (IVF) geboren werden, das sind 1,6 Prozent aller Geburten. Aus Angst vor Spott und Kopfschütteln halten die Betroffenen ihr Vorgehen lieber geheim. Nur allmählich wird das Thema enttabuisiert. Ich freute mich, einen Beitrag zur Aufklärung leisten zu können.

Susanne Wieseler war mir von Anfang an sympathisch. Sie machte einen offenen und warmherzigen Eindruck und schien keine sensationsheischende TV-Tussi zu sein, wie man sie aus dem Privatfernsehen kennt. Mit der Heidelberger Klinik hatte sie bereits für eine Dokumentation über die Krebsstation zusammengearbeitet und gute Erfahrungen dabei gemacht.

Als sie uns bei jenem Ultraschalltermin vorgestellt wurde, sagte Thomas gleich: »Wo ist die Kamera, wo ist das Mikrofon?« Er hatte überhaupt kein Problem damit, sich vor der Kamera zu äußern. Ich war da etwas vorsichtiger und ließ mir erst einmal das Anliegen und das geplante Vorgehen des Fernsehteams erklären.

Susanne Wieseler erläuterte mir alles in Ruhe. »Die Zuschauer sollen sich ein authentisches Bild davon machen, was es heißt, kinderlos zu sein, wenn man sich doch eigentlich nichts sehnlicher wünscht, als ein Kind im Arm zu halten. Wir wollen zeigen, was man medizinisch alles dafür tun kann und welche physischen und psychischen Folgen das für Betroffene hat.« Dann erklärte sie weiter, dass die Geschichten mehrerer Paare parallel montiert und später wöchentlich als Serie ausgestrahlt würden. Es sollte kein Drehbuch geben, keine künstlichen Kulissen. Die Paare würden bei all ihren

Aktivitäten begleitet und keiner der Beteiligten würde vorher wissen, wie es weiterginge. Das Leben allein würde die Dramaturgie bestimmen.

Das erste Gespräch beim Ultraschall diente vor allem dem gegenseitigen Abchecken, ob eine Zusammenarbeit für diese Dokumentation von beiden Seiten aus vorstellbar war. Ein Honorar wurde uns nicht versprochen, aber es bestand die Möglichkeit, dass wir kleine finanzielle Zuschüsse zu besonderen Unternehmungen erhielten.

Wir mussten uns nicht sofort entscheiden. Doch Thomas und ich dachten nicht lange nach. Warum eigentlich nicht?, fragten wir uns. Diese Dokumentation war eine Chance, das Problem der Kinderlosigkeit einer breiten Öffentlichkeit vorzustellen und Betroffenen zu vermitteln, dass sie nicht allein sind. Und dabei wollten wir gern mithelfen.

Ein paar Tage nach unserem Treffen rief Susanne Wieseler an, und wir sagten zu. Mich überzeugte vor allem die Botschaft der Serie – die Enttabuisierung der künstlichen Befruchtung –, indem man auch den Alltag der Betroffenen kennen lernte und nicht nur die medizinische Seite: Auch die seelische Verfassung der Partner und was es für die jeweilige Beziehung des Paares bedeutet, sich einer künstlichen Befruchtung zu unterziehen, sollte ins Visier genommen werden. Doch Furcht hatte ich auch vor dieser unbekannten Situation. Wie würde ich mich vor der Kamera fühlen? Würden mich die fremden Menschen und das Scheinwerferlicht womöglich stören oder unsere Stimmung verändern?

Im April 2000 besuchte uns Susanne Wieseler mit vier Mitarbeitern ihres Drehteams erstmals zu Hause. Sie filmten uns beim Kochen und begleiteten unseren Einkauf im Supermarkt. Es war ein seltsames Gefühl, ständig von Kameras umgeben zu sein und die neugierigen Blicke auszuhalten. Susanne Wieseler erzählte uns bei diesem Treffen, dass auch ihr Kinderwunsch bisher unerfüllt geblieben war. Einmal wäre sie schwanger gewesen, hätte aber eine Fehlgeburt gehabt. Das habe sie schließlich für diese Serie besonders motiviert. Von Anfang an spürte ich eine Anteilnahme, die nur Betroffene haben können, und das überzeugte mich umso mehr, ihr beim Drehen zur Verfügung zu stehen.

Die zweite Insemination hatte also vor laufender Kamera stattgefunden, und in der darauf folgenden Zeit begleitete uns das ZDF bei fast jeder Behandlung. Anfangs hatte ich einige Probleme damit, aber mit der Zeit sah ich darüber hinweg, dass uns immer jemand über die Schulter guckte. Das mussten wir auch, sonst hätten wir die anderthalb Jahre, die uns das Fernsehteam filmte, wohl nicht so gut überstanden. Allerdings hatte die Begleitung durch das Fernsehen auch einen Vorteil für uns: Wir wurden in der Klinik etwas zuvorkommender behandelt und kamen oft schneller dran, als wenn wir allein bei der Untersuchung waren. Insofern erleichterte uns das Fernsehen auch manches.

Die dritte Insemination – Thomas kann das Wort noch heute nicht aussprechen! – machten wir ohne Kamerateam. Es lief dadurch viel ruhiger ab, und wir waren weniger aufgeregt. Auch dieses Mal war ich mit ins »Samenkämmerchen« gegangen. Thomas sollte das nie mehr allein machen. Wenn er das schon in der Klinik hinter sich bringen musste, dann wenigstens mit mir. Da hatten wir beide etwas davon. Wie ich allerdings im Laufe unserer Zeit in der Kinderwunschsprechstunde mitbekam, machten das nur wenige Frauen so. Das ist ein Fehler, denke ich. Denn den Partner während all der Prozeduren allein mit sich zu lassen und alles mechanisch abzuhandeln, birgt die Gefahr in sich, etwas Entscheidendes darüber zu vergessen – nämlich die Liebe. Dass die nicht verloren gehen darf, war mir immer bewusst. Meine Liebe zu Thomas war und ist mir das Wichtigste auf der Welt.

KAPITEL 2

Panther küsst Skorpion

Unseren ersten Kuss haben wir uns auf dem Heidelberger Schloss gegeben. Ganz romantisch, wie auf diesen Kitschpostkarten mit einem roten Herz in der Mitte. Wir standen an der Brüstung, mit Blick über die Stadt und redeten die Sterne vom Himmel herunter … und plötzlich hat mich Thomas in den Arm genommen und geküsst. Da war es um mich geschehen. Wie ein Stromschlag von den Zehen bis zu den Haaren durchfuhr es meinen Körper. Thomas erging es ähnlich. Es war ein Gefühl in uns beiden, so intensiv, wie wir es nie zuvor erlebt hatten. Und dabei hatten wir uns erst auf den zweiten Blick verliebt.

Im Frühjahr 1998 hatten wir uns bei Andreas, einem Bekannten und Arbeitskollegen von Thomas, das erste Mal gesehen. Das war in der Firma, in der er als kaufmännischer Leiter Baumaschinen vermietete, nachdem er seinen Zeit raubenden Job als Leiter eines Supermarktes gekündigt hatte. Wir hatten bereits hin und wieder am Telefon miteinander gesprochen, wenn ich meinen Bekannten in der Firma erreichen wollte und der nicht da war. Thomas sagte mir später, dass ihm schon am Telefon meine angenehme Stimme aufgefallen sei, und er bei der ersten Begegnung gedacht hatte: Was für ein hübsches Mädchen! – Aber auch nicht mehr. Wir waren nicht von Anfang an ineinander verliebt gewesen. Thomas hatte einfach nur Lust auf einen Flirt. Er war noch verheiratet, lebte aber schon in Trennung.

Als wir uns das nächste Mal sahen, ein paar Wochen später, hatte ich eigentlich mit Andreas mittagessen gehen wollen, aber Thomas überraschte mich. Damals arbeitete ich als Fahrerin im Flughafentransfer und war zeitmäßig recht flexibel. Kaum waren wir für ein paar Minuten allein, sagte Thomas: »Bleib doch hier bei mir, statt essen zu gehen.«

Ich fand das zwar ein wenig frech, blieb aber tatsächlich die Mittagspause über. Schon zu diesem Zeitpunkt zog mich irgendetwas an Thomas an, ohne dass ich mich *besonders* für ihn interessiert hätte. Ich war auch gar nicht auf der Suche nach einem neuen Mann.

Vielleicht machten mich seine Ringe im Ohr neugierig, so etwas trug sonst keiner meiner Bekannten, vielleicht war es auch sein Blick: Wenn wir einander in die Augen sahen, spürte ich eine Gemeinsamkeit, ohne genau zu wissen, was diese ausmachte. Mich irritierte es nicht einmal, als er die Türen abschloss, damit uns keiner stören konnte. Doch dann wussten wir nicht so recht, worüber wir reden sollten, und ich stand eine ganze Weile einfach nur da und schwieg.

»Setz dich auf meinen Schoß«, durchbrach Thomas plötzlich das peinliche Schweigen. »Du musst ja nicht die ganze Zeit stehen.«

Das kam mir wie ein Frontalgangriff vor, den ich nicht so einfach hinnehmen konnte. »Ich setz mich doch nicht fremden Männern auf den Schoß!«, erwiderte ich heftig.

»Dann zeig mir deine Tätowierung, und wir sind uns nicht mehr so fremd.«

Aus dem Ausschnitt meiner, wie Thomas damals fand, »ziemlich hässlichen Rüschenbluse« lugte der Schwanz eines Skorpions hervor. Ich weiß nicht, weshalb ich für die Tätowierung, zu der ich mich sogar ziemlich überwinden musste, ausgerechnet einen Skorpion gewählt hatte. Eigentlich habe ich große Angst vor solchen Tieren, und mein Sternzeichen ist es auch nicht, ich bin Wassermann. Lächelnd schüttelte ich den Kopf. Wollte der Typ im Ernst, dass ich meine Bluse ausziehe? Ehe ich mich es versah, hatte Thomas seinen eigenen Pulli ausgezogen, saß mit nacktem Oberkörper vor mir und zeigte auf den schwarzer Panther, der auf seinem Arm prangte.

Als er sich umdrehte, entdeckte ich ein Einhorn auf seinem Rücken. Der Kerl ist verrückt, aber sympathisch, dachte ich. Es war seine direkte und unkomplizierte Art, die ich später so sehr an ihm lieben sollte. Wir redeten noch über eine Stunde lang miteinander. Zum Glück wurden wir nicht gestört.

Drei Monate vergingen – Thomas und ich hörten in dieser Zeit nichts voneinander. Erst später erfuhr ich, dass er Andreas mehrmals vergeblich um meine Telefonnummer gebeten hatte.

Ich war gerade unterwegs, als eines Tages mein Handy klingelte.

»Ich bin's«, hörte ich eine Stimme, die ich nicht erkannte.

»Wer ist da?«

»Na, ich.«

»Wer ich?«

»Na, ich!«

Ich machte eine Weile das Spiel mit, obwohl ich es eigentlich hasse, wenn jemand nicht gleich seinen Namen sagt. Obendrein war es mir peinlich gegenüber dem Bekannten, in dessen Begleitung ich war und der mich ebenfalls gerade umwarb. Aber der Unbekannte am Handy flirtete so nett, dass ich nicht auflegte.

Und schließlich dämmerte mir, dass der Anrufer nur Thomas sein konnte. Er wollte mich wiedersehen – später meinte er, er hätte zu diesem Zeitpunkt noch immer keine ernsthaften Absichten gehabt. Aber ich glaube, unbewusst arbeiteten wir beide schon an unserem Zusammenkommen. Wir verabredeten uns für die darauf folgende Woche.

Ein paar Tage später sah ich auf der Rückfahrt von einem Flughafentransfer kurz entschlossen bei Thomas in der Firma vorbei. Er war sehr überrascht, als ich den Verkaufsraum betrat. Ich sah, wie seine Hände zitterten, als er mir Wasser einschenkte, wie er sein Glas mit beiden Händen vor Aufregung festhalten musste, und ich spürte seine scheinbar zufällige Berührung meiner Hände. Ich muss wohl auch gezittert haben, denn er fragte mich, ob er mir seinen Pullover geben solle.

Drei Tage später holte ich Thomas bei seinen Eltern, bei denen er übergangsweise lebte, ab und wenig später saßen wir in einem Lokal in Neckargemünd. Das mittelalterliche Städtchen liegt zehn Autominuten von Heidelberg entfernt. Es hat schöne Fachwerkhäuser, die sich am Ufer des Neckars entlangziehen.

Ich erfuhr, dass seine Ehe nach fünf Jahren gescheitert war. Thomas hatte sehr jung geheiratet, und das erste Kind war noch vor der Ehe, während seines Zivildienstes geboren worden, das zweite drei Jahre später. Er und seine damalige Frau hatten wenig Zeit füreinander. Als Supermarktleiter war Thomas von morgens halb sieben bis abends um acht unterwegs. Er erzählte, dass sie sich viel gestritten und schließlich auseinander gelebt hatten. Schon einmal war Thomas für längere Zeit ausgezogen. Danach versuchten sie einen Neuanfang. Doch nach einem halben Jahr begann der ganze Ärger wieder von vorn. Als Thomas mich kennen lernte, im Sommer 1998, waren sie längst nicht mehr glücklich miteinander gewesen.

Mir war es in meiner Ehe ähnlich ergangen, nur fehlte noch der Schritt zur endgültigen Trennung. Aber ich war wie Thomas offen für eine neue Begegnung.

So saßen wir also in einem Restaurant mit Blick auf den Fluss, neugierig aufeinander und voll Sehnsucht nach besseren Tagen.

Meine Hände waren kalt vor Aufregung. Ich sah aus dem Fenster auf ein vorbeiziehendes Schiff und hatte das Gefühl, so zieht auch mein Leben an mir vorbei, wenn ich nicht aufpasse.

»Hast du schon was gefunden?«, fragte mich Thomas. Er blätterte in der Speisekarte. »Seltsam, das Lokal heißt *Athen* und bietet nur Grünzeug an, jedenfalls nichts dabei, was ich mir unter griechischem Essen vorstelle.«

Mir stach ebenfalls kein Gericht ins Auge, das meinem Appetit entsprach. Fleisch wäre gar nicht so schlecht …

»Haben Sie keine Spieße?«, fragte ich den Kellner, der kurz darauf neben uns stand, um unsere Bestellung entgegenzunehmen.

»Tut mir Leid, aber wir sind kein griechisches Restaurant, falls sie das vermutet haben«, antwortete er leicht pikiert. »Wir heißen *Athen*, weil wir das erste Lokal in Deutschland waren, das griechischen Wein im Angebot hatte.«

Thomas schlug die Karte zu. »Tja, wenn das so ist, lass uns woanders hingehen.«

Ich war viel zu nervös, um irgendetwas dagegen zu haben, und nickte.

Wir verließen das Restaurant und entdeckten gleich gegenüber einen echten »Griechen«, der eine große Auswahl an Fleischgerichten anbot.

An diesem Abend haben wir uns ineinander verliebt. Thomas hatte irgendwann einfach meine kalten Hände in die seinen genommen und gewärmt. Wir sahen einander in die Augen und wussten es plötzlich … Und um Mitternacht küsste der Panther auf dem Heidelberger Schloss den Skorpion. Völlig unerwartet begann Thomas später zu singen – ein Lied, dessen erste Zeilen mir die Sprache verschlugen: »He du, ich hol dir einen runter –« Er machte eine Pause, irritiert blickte ich ihn an, dann fuhr er fort: »einen Stern von ganz fern …«

Der Schalk in seinen Augen passte zum Panther auf seinem Arm. Und das Einhorn, Thomas' Zärtlichkeit und seinen hinter einer scheinbar rauen Schale verborgenen weichen Kern sollte ich auch bald kennen lernen.

Meinem Mann habe ich am nächsten Tag von Thomas erzählt. Ich rief Sebastian ins Badezimmer, während ich noch in der Badewanne lag. »Setz dich, ich muss dir was sagen«, eröffnete ich ihm. »Ich gehe morgen mit einem anderen auf das Winzerfest. Ich habe mich verliebt. Ich möchte dir das sagen, bevor du es von anderen erfährst.«

Das Gespräch war hart und endgültig. Aber ich musste für Klarheit sorgen, denn für mich stand fest, dass es kein Zurück mehr gab.

Ich war 28 Jahre alt, aber ich fühlte mich wie 18, als ich mit Thomas Händchen haltend zum Winzerfest ging. Es war für uns beide, als wären wir zum ersten Mal in unserem Leben verliebt. Unsere ausgelassene Stimmung hätte sicher noch den ganzen Abend angehalten, wenn nicht plötzlich Bekannte von mir und Sebastian, mit denen wir noch ein Vierteljahr zuvor im Urlaub gewesen waren, vor uns gestanden hätten. Sie holten mich in die Realität zurück. Betreten standen wir einander gegenüber. Die beiden starrten Thomas an und wussten nicht, was sie sagen sollten. Mir war klar, dass ich mich erklären musste, und so stellte ich Thomas vor: »Das ist mein Freund, mit dem ich jetzt zusammen bin.« Das war der erste Öffentlichkeitstest. Doch den nächsten, wenige Tage später, empfand ich als weitaus schlimmer.

Ich unterhielt mich gerade mit einer Bekannten von Thomas, als ich ihn plötzlich auf eine Brüstung zugehen sah, hinter der eine Frau mit zwei Kindern stand.

»Weißt du, wer das ist?«, fragte ich.

Die Bekannte blickte mich mit großen Augen an und antwortete: »Na, seine Kinder! Kennst du sie nicht?«

Ich wagte kaum, die Kinder anzusehen, und das Herz rutschte mir förmlich in die Hose. Ausgerechnet hier, in diesem Trubel, mussten wir das erste Mal aufeinander treffen. Thomas' Frau war mir egal. Aber für die Kinder tat es mir Leid. Ihr Vater war gerade mal seit vier Wochen von zu Hause ausgezogen. Sie mussten noch sehr durcheinander sein.

»Ich muss hier weg«, sagte ich und verschwand auf die Toilette. Als ich wiederkam, hatte Thomas schon nach mir gesucht.

»Weshalb hast du die Flucht ergriffen?«, fragte er mich. Er wirkte locker und unverkrampft, während mir noch immer das Herz bis zum Hals schlug.

»Ich konnte sie jetzt nicht begrüßen«, sagte ich. »Ich möchte das nicht unvorbereitet tun, sondern in Ruhe und unter anderen Umständen mit ihnen sprechen.«

Leider mussten wir länger darauf warten, als uns lieb war.

Am nächsten Tag teilte ich meinem Mann mit, dass ich ausziehen würde. Ich wunderte mich selbst, wie entschlossen ich meine Entscheidung umsetzte. Ich wollte ein neues Leben, das nicht von Streitereien und fliegenden Tellern und Tassen bestimmt war, kurzzeitigen Versöhnungen und dem Gefühl, mich im Kreis zu drehen. Ich hatte bis dahin nicht viel Glück in der Liebe gehabt, wohl auch, weil ich niemanden wirklich an mich heranließ und meine Liebe nicht zeigen konnte, ich baute Mauern um mich. Je näher mir jemand kommen wollte, desto höher wuchsen die Steine. Ich hatte Angst vor großer Nähe. Warum das so war, wurde mir jedoch erst viel später bewusst. Vielleicht scheiterte auch deshalb meine Ehe mit Sebastian. Denn das Leben mit ihm verstärkte dieses Gefühl noch. Ich spürte, dass er mich nur insoweit liebte, wie ich für ihn und seine Familie da war. Kein Tag verging, an dem nicht meine Schwiegermutter oder sonst ein Verwandter von Sebastian uns besuchte. Wir als Paar waren stets weniger wichtig als seine Familie, die sich obendrein in alles einmischte. Das Gefühl, Zeit für mich zu haben, war mir unbekannt.

Anfangs störte mich das auch nicht, denn ich war es von zu Hause her nicht anders gewohnt. Schon mit neun Jahren hatte ich, wenn andere Kinder spielen gingen, meine bettlägerige Großmutter waschen und füttern müssen, weil meine Eltern nicht dazu in der Lage waren. Mein Vater, der aus Slowenien stammt, hatte kurz nach meiner Geburt einen Bergbauunfall mit einer schweren Kopfverletzung gehabt. Nach einer misslungenen Operation im damaligen Jugoslawien blieb ein Hirnschaden zurück, der seine Persönlichkeit allmählich veränderte. Er litt unter Halluzinationen und wurde gewalttätig, insbesondere meinen Geschwistern gegenüber. Oft schlief er mit einem Messer unter dem Kopfkissen, und einmal bedrohte er meine Mutter sogar mit einem Beil.

Sie hatte deshalb häufig auf der Couch in meinem Zimmer geschlafen. Dort war sie sicher gewesen, denn mir hatte mein Vater nie etwas getan. Wenn er meine Geschwister schlug und ich betrat das Zimmer, hörte er sofort auf. In meiner Gegenwart wurde er friedlich. Ich weiß nicht, weshalb das so war. Auch wenn er mit meiner Mutter stritt, wurde er still und ließ sich besänftigen, wenn ich dazukam.

Sicher haben mich meine Eltern gern gehabt. Aber wirklich geliebt und angenommen fühlte ich mich nur in den Ferien, bei meiner Großmutter in Slowenien. Die Ruhe dort und die Liebe, die mich wie ein warmer Mantel umfing, habe ich immer sehr genossen. Meine Großeltern besaßen ein winziges Häuschen in Planina, einem kleinen Dorf 100 Kilometer von der Adria entfernt, zwischen Ljubljana und Postojna, wo sich eine der größten Grotten Europas befindet. Das Häuschen meiner Großmutter, das nur aus einem Zimmer und einer Küche bestand, lag an einem Hang, von dem aus kleine Bäche das Dorf durchzogen. Ich badete gern darin, denn ans Meer fuhren wir nur selten. Es gab auch kein Badezimmer, und die Latrine befand sich außerhalb des Hauses. Es kostete mich immer große Überwindung, nachts auf die Toilette zu gehen, wenn mich die glühenden Augen der Katzen verfolgten und der Holzstapel hinter dem Haus aussah wie ein kauernder Riese.

In und um Planina lebten viele Verwandte meines Vaters: meine Onkel und Tanten, für die ich das verwöhnte Nesthäkchen war, Cousinen, die mir frühzeitig das Schminken beibrachten, und eine kaum mehr als einen Meter große, über neunzigjährige, gebrechliche Urgroßmutter, die meist vor ihrem Häuschen auf einer Bank saß und Zigarre rauchte. An meinen Großvater kann ich mich kaum erinnern. Ich weiß noch, dass er nur ein Bein hatte. Sein Sohn, mein Onkel, war Jäger. Auch er war versehrt. Als Kind war ihm von einer Handgranate ein Arm abgerissen worden. Dennoch war er sehr geschickt mit seinem anderen Arm. Manchmal fing er mit mir und seinem Sohn, der etwas jünger war als ich, Schmetterlinge, Heuschrecken und Grashüpfer. Mit unseren langstieligen Käschernetzen rannten und purzelten wir über die blumenübersäten Wiesen, deren Duft noch lange in meinen Kleidern hing.

Die Mutter meines Vaters liebte ich sehr. Sie kochte fast täglich wunderbare Suppen mit selbst gemachten Nudeln und war immer für mich da. Anders als meine Mutter zeigte sie ihre Gefühle, wodurch ich mich sicherer fühlte. Sie ging mit mir spazieren, lachte viel und schimpfte selbst dann kaum, wenn ich etwas angestellt hatte. Ich war wild wie ein Junge und bekam bei ihr fast immer meinen Willen. Ich kletterte auf Bäume, spielte am liebsten im Schlamm und heckte Streiche aus. Einmal nahm ich die Halt gebenden Keile aus dem Holzstapel hinter dem Haus heraus, sodass er mit ohrenbetäubendem Lärm herabpolterte. Ein andermal zog ich meinem Onkel, der sich den Fuß gebrochen hatte und nicht mehr mit mir spielen konnte, den Stuhl unter seinem Hintern weg, sodass er übel aufschlug. Selbst da lachten er und die anderen Verwandten nur. Ich war eben das Nesthäkchen! Wenn ich in den

Ferien zu Besuch kam, genoss ich diese schöne Zeit immer sehr; sie war wie eine Oase für meine Seele.

Trotz seiner Gewalttätigkeit liebte ich meinen Vater. Er nahm sich Zeit für mich, brachte mir schon vor der Schule Lesen und das Schreiben von Buchstaben bei, las mir aus der Zeitung vor und spielte mit mir. Und doch war da etwas, was ich damals nicht benennen konnte und über das ich bis heute kaum sprechen kann. Ich war nämlich kein Kind der Liebe, sondern das Ergebnis einer Vergewaltigung. Auch wenn sie innerhalb der Ehe passierte, war es ein purer Akt der Gewalt. Und wie schon bei meiner Zeugung fehlte es mir auch in meiner Kindheit an Liebe. Meine Mutter hat die Vergewaltigung meinem Vater wohl nie verziehen, und mir vielleicht deshalb weniger Liebe schenken können, als ich gebraucht hätte. Außerdem blieb ihr wenig Zeit für mich. Sie arbeitete als Krankenschwester oft auch nachts und war selten für uns Kinder da. Doch sie hatte keine Wahl, immerhin musste sie unseren Lebensunterhalt verdienen.

Als ich 13 war, ließen sich meine Eltern scheiden. Kurze Zeit danach wurde mein Vater in eine psychiatrische Klinik eingeliefert. Später kam er in ein Heim, in dem ich ihn gelegentlich besuchte – bis ich von der Vergewaltigung erfuhr. Kurz zuvor war ich noch bei ihm gewesen. Er hatte mich wie eine gute Bekannte begrüßt, nicht wie seine inzwischen 25-jährige Tochter. Ich hatte ihn sogar auf Slowenisch angesprochen, aber auch das hatte nicht geholfen. Er sog bloß gierig an seiner Zigarette und fragte verschwörerisch, ob ich Kuchen mitgebracht hätte. Das Essen war wohl nicht allzu üppig in dem Heim, und jeder Gang nach draußen und jeder Besuch bot ihm eine günstige Gelegenheit, den Speisezettel zu erweitern. Ich wusste, dass mein Vater manchmal zum Penny-

Markt ging, dort Marmorkuchen kaufte und ihn dann etwas teurer an Patienten, die nicht nach draußen durften, weiterverkaufte. Für den Gewinn gönnte er sich Zigaretten. Er sah älter aus, als er eigentlich war. Vielleicht, weil er seit jeher viel rauchte, rot-weiße Kurmark.

Der Zustand meines Vaters hatte sich mit den Jahren immer mehr verschlechtert, er litt mittlerweile häufig unter Verfolgungswahn. Manchmal erkannte er sich nicht einmal mehr selbst im Spiegel. Doch er hatte auch helle Momente, und dann litt er sehr darunter, in diesem Heim leben zu müssen. Einmal war er davongelaufen und hatte sich von einem Fahrer, der den Bäcker neben dem Heim belieferte, zu unserem Haus bringen lassen. Hilflos hatte er davorgestanden und an der Tür gerüttelt, die schon längst nicht mehr sein Namensschild trug. Meine Mutter war einige Jahre nach der Scheidung umgezogen. Nur mit Mühe hatten ihn damals die alten Nachbarn wieder in einem Taxi ins Heim schicken können.

Wir saßen bei meinem letzten Kommen im Besucherraum, der lieblos möbliert, laut und verraucht war, denn das Zimmer, das mein Vater sich mit drei anderen Männern teilte, war zu klein, um Besucher zu empfangen.

Mein Vater war mir fremd geworden. Ich hatte nur noch Mitleid mit dem kranken Mann, mit dem mich nicht mehr allzu viel verband. Sein Gesicht war schmal geworden, und sah leer aus – wie das gefrorene Hofpflaster hinter unserem Haus, auf dem mein Vater im Winter Wasser zum Schlittschuhlaufen ausgegossen hatte; unter der dünnen Eisschicht sah man nur noch schwach die Rillen und Steinchen und die Kreidemalereien vom Sommer. Einzig sein Geruch nach Kurmark-Zigaretten erinnerte mich an den Vater meiner Kindheit, den ich verloren hatte, als meine Eltern sich scheiden ließen.

Einige Wochen nach diesem Besuch erfuhr ich von der Vergewaltigung. Ich habe meinen Vater seither nicht mehr besucht. Wenn mir meine zerrissene Kindheit eines beschert hat, dann dies: den starken Wunsch, meine eigenen Kinder in Liebe und Geborgenheit aufwachsen zu lassen.

KAPITEL 3

Bis dass der Tod uns scheidet

Bereits 14 Tage nach dem Winzerfest zogen Thomas und ich zusammen. Vergeblich hatte Sebastian versucht, mich umzustimmen. Doch mein Entschluss stand fest, ich hatte mich für ein neues Leben mit Thomas entschieden.

In Angelbachtal, einem kleinen, abgelegenen Ort in der Rheinebene, hatte ich eine Wohnung gefunden, die eine halbe Autostunde von Heidelberg und Hockenheim entfernt lag. Die Miete war bezahlbar. Am Tag meines Einzugs musste Thomas seine Kinder betreuen, sodass ich allein mit einem Freund den Umzug erledigte. Als ich die neue Wohnung betrat, entdeckte ich als Erstes eine Rose in einem Glas, dazu eine rote Klappkarte mit zwei ausgestanzten Herzen, über denen zu lesen war: »Niemand erweckt in mir solche Gefühle wie du, für immer und ewig.« Auf der Innenseite stand: »Ich liebe dich.« Thomas meinte es ehrlich, das spürte ich.

Unser Zusammenleben verlief von Anfang an problemlos, es kam uns beinahe so vor, als wären wir ein eingespieltes Team. In unserem Alter hat man gewöhnlich schon ein paar Marotten, an die sich ein Partner erst langsam gewöhnen muss, wie zum Beispiel Zahnpastatuben offen liegen zu lassen oder eine Schlafbrille zu benutzen. Aber Liebe macht bekanntlich blind, und so störte uns nichts aneinander – außer meinem Pfälzer Dialekt vielleicht, der Thomas dann doch irgendwann auf die Nerven ging. Ich hatte ihn mir in meiner

Ehe mit Sebastian angewöhnt, da er aus Speyer stammte. Sagte ich »woisch« für »weißt du« stellte sich Thomas taub, bis ich hochdeutsch wiederholte, was ich meinte.

Doch selbst das gemeinsame Einrichten der Wohnung gelang reibungslos. Mich wunderte das sehr, denn gerade das Aussuchen von Möbeln kann Paare in endlose Diskussionen führen. Bei uns war das Gegenteil der Fall. Zum Beispiel hatten wir ein Dreivierteljahr lang unabhängig voneinander nach einem Fernsehschränkchen Ausschau gehalten. Eines Tages, als wir zusammen durch Möbelgeschäfte bummelten, sahen wir eins, gingen beide darauf zu und sagten beinahe zeitgleich: »Das ist es.«

Da die Trennung von uns ausgegangen war, hatten wir unseren Expartnern den Hauptteil der Einrichtung überlassen. Thomas brachte sein Bett und einen Schrank mit, ich meine Couchgarnitur, einen Schrank und meine Stereoanlage. – Die Wohnung war wunderbar leer, 150 Quadratmeter auf zwei Ebenen, unten ein riesiges Wohnesszimmer mit offener Küche und oben ein offenes Studio mit schrägen Wänden, von dem ein Bad abging, über das man durch einen begehbaren Schrank ins Schlafzimmer gelangte. Nachteilig war nur, dass es nicht genug abgeschlossene Räume gab.

Mit unseren Nachbarn verstanden wir uns auch gut, bis auf zwei türkische Familien, mit denen wir immer wieder Probleme hatten. Die Frauen sprachen kaum Deutsch und waren mit ihren zahlreichen Kindern überfordert. Die eine, weil der Mann keine Arbeit hatte und das Paar sich oft stritt, und die andere, weil ihr Mann den ganzen Tag unterwegs und ihr keine Hilfe war. Vor allem Thomas ärgerte sich oft über die Kinder, die auf den Autos herumkletterten, freche Antworten gaben und ihre größeren Geschäfte manchmal vor der Haustür verrichteten, ohne dass es eine der Mütter anschließend wegmachte.

Doch es gab noch etwas, was unser Glück trübte. Nachdem wir zusammengezogen waren, durften Thomas' Kinder ihn mehrere Wochen lang nicht besuchen. Thomas hatte aber natürlich Sehnsucht nach ihnen, sein Sohn war damals vier, seine Tochter sieben Jahre alt. Erst nachdem Thomas mit Hilfe des Jugendamts eine Besuchserlaubnis erhalten hatte, kamen sie eines Tages zum Mittagessen und blieben das ganze Wochenende. Ich war erleichtert, da der Entzug seiner Kinder Thomas sehr belastet hatte, und doch hatte ich Angst vor der ersten richtigen Begegnung nach unserem ersten Zufallstreffen. Ich spürte, wie schwer es Thomas' Kindern fiel, mit der neuen Situation zurechtzukommen. Sicher glaubten sie, sie hätten ihren Vater für immer verloren. Doch mit der Zeit tauten sie auf. Vielleicht, weil ich nicht die Ersatzmutter spielte, die sie erziehen wollte, sondern einfach nur mit ihnen spielte. Schon nach einigen Besuchen hatten sie keine Scheu mehr, bereits in aller Herrgottsfrühe in unser Bett zu kriechen, um mit uns zu kuscheln. Sie hatte Vertrauen gewonnen zu mir, dass ich ihnen Thomas nicht wegnehmen wollte, und akzeptierten, dass er nun ein anderes Zuhause hatte.

Ende November verlebten wir unseren ersten gemeinsamen Urlaub. Hinter uns lagen glückliche, aber auch anstrengende Monate. Trennung, Umzug und das Eingewöhnen von Thomas' Kindern in ihr neues Zweitheim. Thomas und ich brauchten ein paar Tage ganz für uns – Meer, Strand und vor allem noch ein wenig Sonne, bevor der Winter kam. Wir entschieden uns für Hurgada in Ägypten. Dort ist bis auf den Februar das ganze Jahr über Badesaison. Das schien uns genau das Richtige zu sein. Das Wasser war 28 Grad warm und erlaubte einen Blick bis auf den Grund, selbst dann noch, wenn man sehr weit hinausschwamm. Zwei Tage lang konnte ich den Urlaub genießen, schwimmen, stundenlang am Strand liegen und mich von Thomas am Rücken kraulen lassen. Das kleine Hotel war hübsch und das Essen schmeckte. Doch am dritten Tag bekam ich 40 Grad Fieber, ohne jedoch Anzeichen einer Grippe an mir zu entdecken. Trotz Wadenwickeln und Zäpfchen sank die Temperatur nicht. Erst nachdem mich Thomas unter die eiskalte Dusche gestellt hatte, ging das Fieber zurück. Und da fühlte ich plötzlich eine dicke Geschwulst am Po. Bereits am nächsten Tag war sie taubeneigroß, und das Fieber stieg erneut.

Thomas hatte große Angst um mich, wusste aber nicht, was er tun sollte, da ich mich weigerte, einen ägyptischen Arzt aufzusuchen. Er schlug vor, die Beule mit einer Nadel aufzustechen, doch das war mir zu gefährlich. Sollten wir den Urlaub abbrechen? Das wiederum wollte ich Thomas nicht zumuten. Also biss ich die Zähne zusammen und sagte: »Wir bleiben.« Ich war in der Regel extrem schmerzunempfindlich – schon als Kind. Mit drei Jahren hatte ich einen schlimmen Fahrradunfall. Mein Bruder hatte mich auf seinem Gepäckträger mitgenommen. Ich hielt eine Maggi-Flasche in der Hand, die wir kurz zuvor eingekauft hatten. Plötzlich geriet mein Fuß in die Speichen, und wir stürzten. Ich erinnere mich noch heute daran, wie ich beim Hinfallen die Flasche hochhielt, damit sie nicht kaputtging, ohne dabei den Schmerz meines bis auf den Knochen zerfetzten rechten Fußes zu spüren.

Als ich selbst das Fahrradfahren erlernte, bin ich den Berg vor unserem Haus hinuntergefahren und gegen eine Laterne geprallt. Mein Kopf hatte Beulen, aber ich kümmerte mich darum nicht und schob mein Rad den Berg hoch und sauste kurz darauf wieder hinunter, fuhr abermals gegen den Pfahl und versuchte es erneut, bis ich endlich sicher fahren konnte. Ich gebe nicht so schnell auf, schon als Kind war das so.

Damit Thomas in Hurgada nicht den ganzen Tag mit mir im Zimmer hocken musste, begleitete ich ihn hin und wieder an den Strand. Wer weiß, vielleicht tat mir ja Salzwasser gut … Da Thomas gern das Meer von unten sehen wollte, machten wir sogar einen Schnorchelausflug. Doch kaum war ich unter Wasser, blickte ich einer riesigen meterlangen Muräne ins Maul, das Hunderte von kleinen scharfen Zähnen schmückte. So schnell ich konnte, schwamm ich an die Wasseroberfläche und habe fortan den direkten Wasserkontakt gemieden. Ich hatte eher Lust auf Tretbootfahren. Das hielt ich für ungefährlicher. Doch da täuschte ich mich. Wir waren eines Nachmittags vielleicht 300 Meter draußen auf dem Meer, als sich das Boot mit Wasser füllte und zur Seite neigte. Bereits nach wenigen Minuten war die eine Seite des Bootes unter Wasser, und die Treträder blockierten. Thomas sang fröhlich: *Ein Tretboot in Seenot …*, aber ich hatte große Angst. Wir trieben immer weiter ab und hatten kein Handy dabei, um Hilfe zu holen. Zum Glück bemerkte der Verleiher irgendwann, dass wir nicht zurückkamen und holte uns mit seinem Motorboot ab.

Nach dem Urlaub wurde ich sofort operiert. Wie sich herausstellte, hatte ich einen Thrombus, ein Blutgerinnsel in einer Vene. Ich hätte daran verbluten können, wenn Thomas es tatsächlich aufgestochen hätte, sagte uns später der Arzt, denn solch eine Wunde schließt sich in den meisten Fällen nicht mehr. 14 Tage lang lag ich in der Klinik mit höllischen Schmerzen, die kaum aushalten waren, auch wenn man hart im Nehmen ist. Aber in dieser Zeit habe selbst ich geschrien und dabei Thomas' Arm so fest gedrückt, dass er blaue Flecken bekam. Jeder Toilettengang war ein Martyrium. Thomas besuchte mich täglich und umsorgte mich mit einer Hingabe, die mich überraschte. Er half mir beim Waschen, schmierte mir den Po ein und nahm es sogar auf sich, meinen After täglich zu dehnen, was eigentlich Sache des Arztes war. Aber dessen riesige Hände an mich heranzulassen, war eine grauenvolle Vorstellung für mich. Ich rechnete es Thomas hoch an, dass er mir in dieser heiklen Sache half. Er gab mir nie das Gefühl, mich schämen zu müssen, noch ließ er mich ansatzweise spüren, dass es ihm unangenehm wäre. Wir waren ja noch gar nicht lange zusammen, und es gehört sehr viel Vertrauen dazu. So etwas können manche Männer nach 20 Jahren Ehe nicht.

Zum Nikolaustag, unserem ersten gemeinsamen, lag ich noch im Krankenhaus. Ich hatte das starke Bedürfnis, Thomas etwas zu schenken. Aber dazu musste ich die Klinik verlassen. Draußen fegte ein kalter Wind, und ich schauderte bei dem Gedanken, vor die Tür zu gehen und die Klinik zu verlassen, ganz abgesehen davon, dass ich vor Schmerzen noch immer kaum laufen konnte. Doch für Thomas wäre ich damals ans Ende der Welt gegangen. Ohne große Umstände ging ich, so wie ich war, in Nachthemd und Bademantel, auf die Straße zu einem Kiosk. Sicher dachten die Passanten, ich wäre aus der Psychiatrie geflüchtet. Mir war das gleichgültig. Ich empfand so viel Dankbarkeit für Thomas, dessen unkomplizierte Fürsorge meine Mauer gegen allzu viel Nähe einstürzen ließ, der mich wimmernd und hilflos immer noch liebte. Das hat uns sehr zusammengeschweißt. Damals habe ich zum ersten Mal gespürt, dass ein Mensch nur für mich da ist, egal was passiert. Ich gewann immer mehr das Vertrauen, dass Thomas nicht nur in guten, sondern auch in schlechten Zeiten zu mir halten würde.

Im August 1999, nur wenige Wochen, nachdem wir von unseren Expartnern geschieden worden waren, heirateten Thomas und ich. Beinahe wäre die Hochzeit noch verschoben worden, da es meinem Schwiegervater so schlecht ging, dass Thomas befürchtete, er würde sterben. Doch da war noch etwas, was er sich selbst kaum eingestehen wollte. Ich spürte es an seiner Nervosität. Er war ruhelos, diskutierte über jede Kleinigkeit mit einer Intensität, die mir schon fast auf die Nerven ging, und rauchte wesentlich mehr als sonst. Als ich ihn später danach fragte, sagte er, er hätte plötzlich »kalte Füße« bekommen, ob diese zweite Ehe gut gehen würde, ob er nicht wieder die gleichen Fehler machen könnte wie in der ersten. Doch schließlich hatte seine Liebe zu mir seine Furcht besiegt.

Wir ließen uns an einem Samstag standesamtlich trauen, was im Angelbacher Rathaus lediglich deshalb möglich war, weil Thomas den Standesbeamten kannte. In der Regel heiratete man wochentags.

Unsere Hochzeitsfeier wurde eine ziemlich verrückte Party. Wir wollten auch keine Feier, auf der man stocksteif am Sektglas nippt, gepflegt Konversation betreibt und erst nach genügend Alkohol locker wird. Bei uns ging es von Anfang an fröhlich zu.

Wir fuhren in einem schwarzen Van, der aussah wie ein Zuhälterauto, beim Standesamt vor. Es machte uns Spaß, die Umgebung ein bisschen zu provozieren. Ich schwebte zwar klassisch in Weiß daher, um einige Kilo erleichtert, damit das geliehene Kleid, Größe 36, passte, aber Thomas Hochzeitsanzug hatte es in sich: Nappalederhose und ein weißes Hemd, von dem er die Ärmel vollkommen abgetrennt hatte, damit seine Tätowierungen sichtbar waren. Am Kragen wurde es von einem Cowboylederriemen mit Bullentotenkopf zusammengehalten. Vor der Feier hatte ich mich noch am Bauchnabel piercen lassen und unsere Tätowierungen waren um ein »T« in meiner Leiste und eine Kobra an Thomas' rechtem Fuß ergänzt worden. Unsere Mütter rangen etwas um Fassung. Aber Thomas' Kinder, die zum Glück dabei sein durften, und unseren Freunden gefiel unser seltsamer Aufzug.

Die anschließende Party im Wieslocher Musikkulturhaus war rauschend, ein ständiges Kommen und Gehen von Freunden und Bekannten, draußen im Sandkasten brannten Kerzen, und nachts leuchtete ein Lagerfeuer. Ich hatte allerdings nicht viel davon, da ich von ein paar Wodka Lemon nach meiner Hungerkur schnell betrunken war und auf einer Bank einschlief. Ich habe nicht einmal mitbekommen, wie Thomas mich irgendwann am frühen Morgen, als das Feuer längst heruntergebrannt war, über die Schwelle unserer neuen Wohnung trug.

Zwei Tage nach dem Fest lagen wir am Strand von Punta Cana in der Dominikanischen Republik. Eine Woche lang ließen wir uns knusprig braten. Doch dann machten heranziehende Hurrikans das Baden nahezu unmöglich. Sturzbachartige Regengüsse und mehr als fünf Meter hohe Wellen fegten den Strand von Urlaubern leer. Nur Thomas sah man immer wieder wie ein Kind den Wellen trotzen, obwohl das Wasser beim Zurückziehen ins Meer einen gefährlichen Sog hatte. Aber er liebte nun einmal die Gefahr. Besser gesagt, sie amüsierte ihn. Nicht einmal unser dramatischer Rückflug durch einen Hurrikan, bei dem ich mehr tot als lebendig war und schon unser letztes Stündlein schlagen hörte, hatte ihn aus der Fassung gebracht. Plötzlich hatte der Pilot im Befehlston die Stewardessen angeschrien, sie sollten augenblicklich den Service einstellen und sich hinsetzen, egal was sie gerade täten. Drei Sekunden später wussten wir, warum. Ein heftiger Ruck riss uns nach unten, dann wieder nach oben. Wir segelten wie auf einer Achterbahn durch die Luft. Unsere Körper wussten gar nicht mehr, wo sie hingehörten. Die Passagiere schrien laut durcheinander, und die Stewardessen hatten Mühe, von ihren Plätzen aus einen allgemeinen Panikausbruch zu verhindern. Doch Thomas lachte und sagte zu mir: »Als Flugkapitän würde ich jetzt Filme über Flugzeugabstürze einlegen.«

Eine leise Vorahnung befiel mich, dass unsere Ehe womöglich genau so stürmisch werden könnte wie unsere Hochzeitsreise.

KAPITEL 4

Ich will endlich ein Kind!

Ich lag im Bett und starrte an die Decke. In meinem Bauch machte sich das wohlbekannte Ziehen bemerkbar, ich bekam meine Tage. Obwohl wir nicht verhüteten, meldete sich die Regel pünktlich wie eh und je. Ich war wütend, auf mich, auf Thomas, auf die Ungerechtigkeit der Welt. Eine dicke Schneeschicht verdeckte den Blick aus den schrägen Fenstern. Thomas schlief noch. Er schnarchte leise und stöhnte kurz auf. Offensichtlich schmerzte wieder sein rechtes Knie. Die letzte Operation hatte nichts gebracht, außer dass er obendrein keinen Job mehr hatte. »Wenn Sie sich operieren lassen«, hatte sein Chef ihm gesagt, »dann kündigen Sie vorher und lassen sich nach der OP krankschreiben. Danach, wenn Sie in Ordnung sind, stelle ich Sie wieder ein.«

Da hatte Thomas geantwortet, dass er ihm dann auch gleich endgültig kündigen könne. Finanziell hätte es vorerst kaum einen Unterschied gemacht. Tatsächlich erhielt er die Kündigung dann während der Rekonvaleszenz.

War jetzt, da Thomas keine Arbeit hatte, überhaupt der richtige Zeitpunkt dafür, schwanger zu werden? War es vielleicht sogar ein Fehler, jetzt auf ein Kind zu hoffen?

Eine Schicht Schnee rutschte vom Fenster herab und gab ein Stück Himmel frei, grau und dunkel, wie die Gedanken in meinem Kopf.

Bevor ich Thomas kennen lernte, hatte ich mit dem Kinderwunsch abgeschlossen. Knapp zehn Jahre lang hatte ich versucht, schwanger zu werden. Meinen ersten Freund hatte ich mit 16, mit 18, kaum war ich von zu Hause ausgezogen, setzte ich die Pille ab. Ich wollte eine junge Mutter sein. Eigentlich war es mir damals sogar gleichgültig, von wem ich das Kind bekam – Hauptsache, ein Kind. Ich wusste bereits früh, dass ich mit meinem damaligen Freund nicht mein Leben verbringen würde. Aber ich sehnte mich nach einem Kind, ich wünschte mir, Liebe weiterzugeben und zu empfangen, bedingungslos. Mein Kind sollte andere Erfahrungen machen dürfen als ich mit meinen Eltern.

Als das Schwangerwerden damals nicht gleich klappte, sorgte ich mich noch nicht. Ich wusste, dass es bei manchen Paaren etwas länger dauert – wenn man zum falschen Zeitpunkt miteinander schläft oder zu viel Stress hat … Doch nachdem wir es zwei Jahre lang versucht hatten, begann ich, mir Gedanken zu machen. Meine Mutter hatte vier Kinder bekommen, meine Oma sogar sechs, meine um einige Jahre älteren Geschwister hatten jeweils zwei. Was war los mit mir?

Auch mit Sebastian, den ich mit 22 geheiratet hatte, klappte es einfach nicht. Lagen vielleicht organische Störungen vor?

Als ich nach einem Jahr immer noch ohne Aussicht auf Nachwuchs war, wollte ich es genauer wissen. Ich suchte den Frauenarzt auf, doch er konnte nichts Ungewöhnliches feststellen. Beide Eileiter waren damals noch durchgängig, die Hormonwerte in Ordnung. Nichts sprach gegen die Möglichkeit einer Schwangerschaft. Woran lag es also?

Zweieinhalb Jahre später suchten Sebastian und ich eine Spezialistin für unerfüllten Kinderwunsch in Heidelberg auf.

Dieses Mal wurde auch der Samen meines Mannes untersucht. Er wies keinerlei Abnormität auf, also musste die Ursache bei mir liegen. »Fruchtbarkeitsstörung« stand auf einem Schein, der meine Unfähigkeit, schwanger zu werden, umschrieb. Was das genau hieß, vor allem, wodurch sie ausgelöst wurde, blieb unklar, da eine organische Störung nicht nachweisbar war. Der Befund schockierte mich. War ich überhaupt eine richtige Frau? »Eine richtige Frau bekommt Kinder«, ließ mich meine Umgebung wissen. Sonst brauche sie erst gar nicht zu heiraten. Bis dahin hatte ich die neugierigen Blicke auf meinen Bauch noch leicht genommen, insistierenden Fragen, wie »Na, wann ist es denn mal so weit?«, lächelnd ein lockeres »Dann, wenn ich es will!« entgegengesetzt. Doch nun stand da eine scheinbar unumstößliche Diagnose und dazu eine Empfehlung: »In-vitro-Fertilisation«.

Ich hatte mir zwar erklären lassen, was eine IVF, wie man den Eingriff kurz nennt, theoretisch war – die Befruchtung meiner Eizellen mit dem Samen meines Mannes außerhalb meines Körpers in einem Reagenzglas, anschließend das Einsetzen der Embryos in meine Gebärmutter – aber was das genau bedeutete, für mich, meinen Körper, meine Seele und nicht zuletzt für meine Ehe, davon hatte ich keinerlei Ahnung. Über all das reden konnte ich außer mit meiner behandelnden Ärztin mit niemandem. Weder mit meinem Mann, der einfach nur ein Kind wollte, noch mit meiner Mutter oder mit Freunden, für die dieses Thema ein Tabu war.

Im Frühjahr 1995 entschloss ich mich zu meiner ersten IVF. Zehn bis vierzehn Tage bekam ich zur Stimulation der Eizellen von meinem Hausarzt jeden Tag Hormonspritzen. Wird in einem normalen Zyklus ein Follikel, ein Eibläschen, gebildet, so produzierte ich auf Grund der Stimulierung zirka zehn, und das auf jeder Seite. Ich hatte das Gefühl, links und rechts je eine Orange in meinem Bauch zu haben. Die Follikel stießen schmerzhaft gegen meine inneren Organe. Aufgebläht und aufgedunsen fühlte ich mich wie eine Frau in den Wechseljahren. Ich wurde depressiv und launisch. Vieles, was zuvor selbstverständlich gewesen war, begann mich plötzlich zu stören – wie mein Mann aß, wie er roch, wie er mich umarmte. Alles ging mir auf die Nerven. Bei der kleinsten Meinungsverschiedenheit machte ich aus einer Mücke einen Elefanten. Sebastian unterstützte mich zwar praktisch, was jedoch seelisch in mir vorging, wollte und konnte er nicht nachvollziehen. »Stell dich nicht so an« war sein einziger Kommentar. »Entweder du willst ein Kind oder du lässt es sein.« Diese Kälte ließ mir damals das Herz gefrieren. War er vielleicht doch nicht der richtige Mann für mich? Damals begann ich zum ersten Mal daran zu zweifeln, ob ich mit ihm überhaupt noch Kinder haben wollte. Denn so gleichgültig, wie mit 18 war mir das inzwischen nicht mehr. Trotzdem machte ich die IVF weiter. Ich wollte mir keine Vorwürfe machen lassen, dass ich nicht alles versucht hätte, um die Ehe vielleicht durch ein Kind zu retten.

Bei der Punktion der Eizellen, die ohne Narkose gemacht wurde, schrie ich vor Schmerzen. Zwei Tage später wurden mir zwei befruchtete Eizellen in die Gebärmutter eingesetzt, die restlichen eingefroren. Nach 14 Tagen erfuhren wir das Ergebnis des Schwangerschaftstests: Es war negativ.

Ich wusste nicht, ob ich mich freuen oder weinen sollte. Ich hatte keine Gefühle in jenem Moment, wie überhaupt in den folgenden Monaten nicht. Ich war zutiefst erschöpft und traurig und hatte nur noch das Bedürfnis, auszuruhen und allein, ohne meinen Mann, zu sein.

Als meine Freundin Claudia mir vorschlug, eine Woche nach Mexiko in das Segel- und Badeparadies Acapulco zu fliegen, sagte ich sofort zu. Ich buchte einfach und stellte Sebastian vor vollendete Tatsachen. Zwei Tage Streit auszuhalten, traute ich mir zu. Ich habe diesen Urlaub sehr genossen: kein Mann, der zu versorgen war, keine störenden Familienmitglieder, nur Meer, Sonne, lesen, Ruhe. Zum ersten Mal hatte ich Zeit für mich und konnte über Dinge nachdenken, die ich bisher verdrängt hatte. Ob ich mich scheiden lassen sollte und was ich überhaupt noch vom Leben wollte. Mir wurde klar, dass sich mein Kinderwunsch erledigt hatte. Diese Strapazen wollte ich nicht noch einmal aushalten müssen. Ich hatte auch Claudias Leben vor Augen, die geschieden war und ihr behindertes Kind allein großzog. Ihre Ehe war daran gescheitert, dass ihr Mann das Kind nicht annehmen und lieben konnte. Er verleugnete es einfach und warf ihr sogar vor, es sei nicht von ihm. Ein Kind um jeden Preis haben – auch wenn die Ehe dabei in die Brüche geht? Das wollte ich auf keinen Fall.

Dann war Thomas in mein Leben getreten, und mit ihm war mein Kinderwunsch wieder in einer Intensität aufgeflammt, wie ich es nicht mehr für möglich gehalten hatte. Ich hatte das Gefühl, unsere Liebe versetzt Berge, wie es in der Bibel heißt. Ich war inzwischen 29, aber noch immer sprangen keine kleinen Knirpse durch unsere Wohnung in Dielheim. Wenn ich eine Mutter den Kinderwagen durch den Supermarkt schieben sah, gab es mir einen Stich ins Herz. Was konnte ich nur tun?

»Fleißig üben!«, meinte mein Frauenarzt Doktor Paulski, der selbst Vater von vier Kindern war, darunter Zwillinge, und uns immer noch Hoffnung auf eine Spontanschwangerschaft machte. Ich hatte Vertrauen zu ihm, denn er hatte immer ein offenes Ohr für mich, konnte gut zuhören und half mir, locker zu bleiben. Jeden Monat war ich in seiner Sprechstunde, ließ meinen Eisprung überwachen und bekam Hormone. Nach wie vor suchte ich nach einer eindeutigen Ursache meiner Fruchtbarkeitsstörung.

Oder lag es vielleicht an Thomas? Die Untersuchung seines Samens deutete jedoch nicht darauf hin. Er war in Ordnung. Psychische Probleme schlossen wir aus, da es uns gut ging, auch miteinander. Eine Therapie kam für mich nicht in Frage, ich befürchtete nämlich, sie könne etwas zwischen uns kaputtmachen.

So »übten wir fleißig«, insbesondere zum Zeitpunkt des Eisprungs, und »machten es uns dabei gemütlich«, wie Doktor Paulski empfohlen hatte. Das fiel mir nicht schwer, denn nie war mein Sex schöner gewesen als mit Thomas. Ich habe oft gehört, dass Männern »Sex auf Kommando« schwer fällt. Aber Thomas hatte damit kein Problem. Was die Qualität unserer Sexualität betraf, ging es ihm ähnlich wie mir. Es hat uns einfach Spaß gemacht, und wir schliefen oft miteinander. Wir gingen dabei auch nicht mechanisch vor: »So, jetzt ist der Eisprung, und nun mach mal, hopp hopp!« Jeder von uns beiden dachte sich irgendetwas dabei aus, damit wir den Druck nicht so spürten. Ich machte ein schönes Candle-Light-Dinner, wir duschten gemeinsam oder ich lag schon in der Badewanne, wenn Thomas nach Hause kam. So verloren wir nie die Lust auf einander. Und doch wollte sich einfach kein Ei in meiner Gebärmutter einnisten. Selbst Mönchspfefferpräparate, Frauenmantel- und Storchschnabeltee halfen nicht. Im Internet wurden auch Akupunktur oder Bachblütentherapie empfohlen. Aber dazu konnte ich mich nicht durchringen.

Fußreflexzonenmassage gefiel mir schon eher. Thomas ist ein begnadeter Masseur meiner Füße. Aber schwanger wurde ich davon auch nicht.

In einem der Bücher, die ich damals zum Thema ungewollte Kinderlosigkeit las, stieß ich dann erstmals auf die Kinderwunschsprechstunde an der Heidelberger Universitätsklinik. Gab es vielleicht Alternativen zu Insemination und künstlicher Befruchtung? Die Strapazen und Schmerzen der ersten IVF waren mir nur zu deutlich in Erinnerung. Einerseits war ich so weit, mich erneut in Behandlung zu begeben. Aber andererseits hatte ich auch Angst davor, wieder so leiden zu müssen, so allein mit allem zu sein wie in meiner ersten Ehe mit Sebastian.

Schließlich machten wir einen Termin in der Heidelberger Kinderwunschsprechstunde aus. Doch das Gespräch mit der Ärztin war eher enttäuschend. Wir hatten uns gut vorbereitet, denn mir war es wichtig, nicht unwissend dorthin zu gehen, zu verstehen, wovon der Arzt sprach, um die richtigen Fragen stellen zu können. Doch die Gynäkologin war kurz angebunden und wortkarg. Neues erfuhren wir von ihr nicht. Auch schien sie sich nicht allzu sehr für unser Problem zu interessieren, als ob ihr die Arbeit keinen Spaß machte. Vielleicht lag das daran, dass sie selbst kinderlos war, wie sie bemerkte. Eine erfolgreiche Zusammenarbeit setzt großes beiderseitiges Vertrauen voraus, das nicht immer gegeben ist. Wenn man schon seit Jahren erfolglos an einem so intimen und existenziellen Thema wie dem Kinderwunsch herumdoktert, ist man extrem empfindlich und kann vermutlich nur noch wenig objektiv gegenüber anderen sein. Die unpersönliche Art und die kalte, schnarrende Stimme der Gynäkologin flößte uns jedenfalls wenig Vertrauen ein. Wir überlegten schon, die Kinderwunschsprechstunde nach dem nächsten Termin zu wechseln, aber da empfing uns eine andere, freundliche Ärztin.

Frau Doktor S. war uns von Anfang an sympathisch. Ihre warmherzige und einfühlsame Art gefiel uns. Sie hatte selbst Kinder, und wir spürten deutlich ihre Anteilnahme an unserem Kinderwunsch. Auf unsere Fragen antwortete sie mit einfachen Worten, sodass wir sie verstanden, vor allem Thomas, für den das alles neu war. Um vielleicht doch noch hinter die Ursache meiner Fruchtbarkeitsstörung zu kommen, veranlasste sie den so genannten »Kremer-Test« sowie weitere Spermienuntersuchungen. Thomas' und danach fremder Samen wurden mit meiner Scheidenschleimhaut in Berührung gebracht.

Das Ergebnis war erschütternd. Ich hatte eine »Sperma-Allergie«. Gleichgültig, mit welchem Mann ich demnach versuchen würde, Kinder zu bekommen, wahrscheinlich würde es keinem Samen je gelingen, durch den Gebärmutterhals bis zur Eizelle vorzudringen. Mein Gebärmutterhalssekret verhinderte ihre Bewegungsfähigkeit. Bereits Doktor Paulski hatte festgestellt, dass von Thomas' Samen am nächsten Morgen in meiner Scheide nur wenige überlebt hatten. Dass mein Scheidensekret hemmend wirkte, war mir also eigentlich nichts Neues. Aber dass auch das Sekret des Muttermundes Samen abtötete, war mir neu. Mit diesem Befund war mir erneut ein Stück Hoffnung genommen.

Ich reagierte auf vieles allergisch, auf Mehl, Milch, Zucker und Erdnüsse, auf Penizillin, Progesteron – und nun also auch auf Samen! Ich konnte es einfach nicht glauben!

Im Dezember stellte man dann bei Thomas außerdem eine »verminderte akrosomale Proteinase-Reaktion« fest. Das

Akrosom ist eine Kappe, die den Spermienkopf umgibt. In ihm sind die Enzyme enthalten, die der Samenfaden zum Eindringen in die Eizelle benötigt. Das war womöglich eine zusätzliche Erschwernis für unseren Kinderwunsch. Die Hoffnung, dass ich auf normalem Wege schwanger werden würde, sank damit dramatisch.

»Sie sollten es als Nächstes mit einer Insemination versuchen«, schlug uns Frau Doktor S. vor. »Der Samen muss direkt in den Uterus eingeführt werden.«

Geduldig erklärte sie vor allem Thomas die Einzelheiten des Vorgehens. Wir sollten die Reifung der Eizellen über Blutproben und Ultraschall abwarten und uns zum Zeitpunkt des Eisprungs in die Klinik begeben. Für mich war das alles nichts Neues, denn ich hatte ja bereits in meiner ersten Ehe drei Inseminationen.

Als wir die Klinik verließen und zum Auto gingen, sah ich Thomas von der Seite an. Würde er das alles mitmachen, was nun auf uns zukam, womöglich bis hin zu einer künstlichen Befruchtung? Sein Ohrring leuchtete an seinem vom Frost geröteten Ohr. Er war in Gedanken versunken, und ich hatte plötzlich Angst, er könnte es sich noch einmal anders überlegen. Immerhin hatte er schon zwei Kinder. Weshalb sollte er all das, was jetzt an Unannehmlichkeiten auf ihn zukam, auf sich nehmen?

»Findest du es seltsam?«, fragte ich Thomas leise.

»Es ist mein Samen und deine Eizelle. Und es ist egal, wo die zueinander finden, ob im Schlafzimmer oder mit Hilfe einer Ärztin in der Klinik.« Er legte den Arm um mich und drückte mich an sich. »Mach dir keine Sorgen. Ich habe kein Problem damit.«

KAPITEL 5

Die frohe Botschaft

Was willst du? Das Kind in der Klinik machen? Wie soll denn das gehen?«

Thomas saß bei seiner Mutter in der Küche und versuchte, ihr zu erklären, was eine künstliche Befruchtung ist. Sie mischte sich normalerweise nicht in unsere Angelegenheiten ein, doch was er ihr gerade erzählt hatte, war ihr nicht geheuer.

»Du musst dir das so vorstellen«, versuchte Thomas ihr die Sache verständlicher zu machen, »ich geh in ein Kämmerchen und bearbeite meine Nudel.«

Schamröte überzog das Gesicht seiner Mutter, doch er ließ sich nicht beirren.

»Und dann spritz ich in ein Becherchen und geb's dem Arzt. Der gibt's dann mit Birgits Eizelle in ein Glas.«

»Und das wird dann ein ganz normales Kind?«, wunderte sich seine Mutter. Man sah ihrem Gesicht an, wie es in ihr arbeitete.

»Na, was denkst du denn?«

Meine Schwiegermutter hatte verstanden und doch auch wieder nicht. Sie war eine einfache Frau, hatte drei Söhne großgezogen und ihr Leben lang gearbeitet, um das bescheidene Gärtnergehalt ihres Mannes aufzubessern. Für sie war das Kinderkriegen noch eine gottgewollte Sache. Entweder man bekommt sie oder findet sich mit der Kinderlosigkeit ab. Andere Möglichkeiten gingen ihr schwer in den Kopf. Ich schätze, so ist die Meinung vieler Menschen, die nicht selbst von ungewollter Kinderlosigkeit betroffen sind. Für sie ist es schwer zu verstehen, weshalb man der Natur sozusagen ins Handwerk pfuschen möchte. Viele betroffene Paare trauen sich aus diesem Grund gar nicht erst, darüber zu sprechen. Es ist ein Tabu. Und wenn dann doch einmal die Sprache darauf kommt, lehnen die meisten Menschen eine künstliche Befruchtung ab, ob nun religiös, ethisch oder finanziell begründet. Weshalb sollen die Krankenkassen so viel Geld für eine künstliche Befruchtung ausgeben?

Aber könnte man Unfruchtbarkeit nicht auch wie eine Krankheit betrachten? Wenn einer Krebs hat, sage ich doch auch nicht, damit müsse er sich eben abfinden. Der Betroffene wird zu Recht operiert, mit Chemotherapie behandelt oder bestrahlt. Weshalb soll Kinderwunschpatienten das gesellschaftliche Verständnis versagt bleiben? Braucht unsere überalterte Gesellschaft nicht Kinder, um auch die Renten all der Kinderlosen später zu bezahlen?

Meine Familie wusste prinzipiell Bescheid, ohne dass wir im Detail darüber sprachen, was wir taten oder inwiefern uns das Ganze belastete. Mit meiner Mutter zu reden ist schwierig, da es ihr schwer fällt zuzuhören. Wenn ich ihr etwas erzähle, fängt sie mitten im Satz ein neues Thema an. Da habe ich es irgendwann aufgegeben. Nur meine zwölf Jahre ältere Schwester Marlies, mit der ich häufiger telefonierte, hatte eine Vorstellung davon, wie es in mir aussah. Für sie, die selbst zwei Kinder hatte, war künstliche Befruchtung generell in Ordnung, auch wenn sie selbst vermutlich nicht so weit gehen würde.

In meinem Job stieß ich zu dieser Zeit noch auf Verständnis. Ich arbeitete halbtags als Verkäuferin in einem Modehaus in Dielheim. Den Flughafentransfer, einen Vollzeitjob, hatte ich aufgegeben. Es war immer anstrengender geworden, zu jeder Tages- und Nachtzeit bereitzustehen. Der unregelmäßige Wach- und Schlafrhythmus belastete meinen Körper so sehr, dass ich eines Tages kurz vor einem Zusammenbruch stand. Daraufhin kündigte ich – obwohl Thomas nach wie vor keine Arbeit hatte. Doch ich war mir sicher gewesen, bald eine passendere Tätigkeit zu finden.

Meine neue Chefin hatte ich über meinen Kinderwunsch informiert. Sie war selbst Mutter und tolerierte die häufigen Ausfälle oder Arbeitszeitverschiebungen, wenn ich kurzfristig in die Klinik musste. Ich war ihr sehr dankbar dafür, denn ich brauchte den Job und das Geld.

Manchmal wurden wir gefragt, wann wir denn endlich einen Schlussstrich ziehen würden. Drei Inseminationen hatten wir inzwischen hinter uns gebracht – mit und ohne Fernsehen, an das ich mich langsam gewöhnt hatte wie an einen treuen Hund, der einen überallhin begleitet – ein halbes Jahr Höhen und Tiefen erlebt, ohne dass wir einen Schritt vorwärts gekommen wären. Wir ließen sogar noch eine molekulargenetische Untersuchung machen, um zu prüfen, ob bei mir ein Enzymdefekt vorliegt, der zu erhöhter Produktion männlicher Hormone führt. Ergebnis: »Keine Mutationen.«

Lag es vielleicht doch an Thomas? Eine der üblichen Sperma-Untersuchungen hatte plötzlich ergeben, dass Thomas angeblich zeugungsunfähig sei. Wie konnte das sein, wo er doch bereits zwei Kinder hatte? Um sicherzugehen, machten die Ärzte ein weiteres Spermiogramm.

Als wir auf das Ergebnis warteten – wir waren sehr aufgeregt an jenem Tag –, filmte uns gerade wieder das ZDF-Team. Stündlich rief ich in der Klinik an und wurde jedes Mal von der Laborantin, der ich sicher schon auf die Nerven ging, vertröstet. Thomas bastelte währenddessen an seiner Suzuki VS 1 400. Mitten im Wohnzimmer. Das war seine Art, die innere Unruhe zu verbergen.

Ich hatte mich an dieses Hobby von ihm erst gewöhnen müssen.

»Spinnst du?«, hatte ich entsetzt ausgerufen, als Thomas seine Suzuki eines Tages in unser Wohnzimmer brachte. Immerhin war mit diesem Gefährt ein Gutteil des Zimmers ausgefüllt.

»Nö, mein Moped darf doch nicht frieren«, hatte ich damals knapp zur Antwort bekommen. Und damit war für ihn die Sache erledigt. Widerspruch sinnlos. Sein Zweirad war Thomas heilig, wie ich bald merkte. Sobald der Winter kam, stand erst sein Motorrad und später in Dielheim seine Suzuki in unserem Wohnzimmer. Dort putzte er sie und bastelte an ihr herum, und bald empfand ich das Motorrad schon selbst als Schmuckstück. Im Frühjahr, wenn die Suzuki wieder vor die Tür geschoben wurde, vermisste ich sie tatsächlich ein bisschen.

Thomas hingegen musste sich erst langsam an meine Hausfreunde gewöhnen, die ich mit in die Ehe brachte. Katzen! Und sie waren ihm ein Gräuel.

»Müssen die Viecher denn überall rumspringen?«, schimpfte er. »Man ist ja nicht mal im Bett vor ihnen sicher!«

»Wenn du mich liebst, musst du auch meine Katzen in Kauf nehmen«, entgegnete ich mit fester Stimme.

Was sollte er also anderes tun, als sich an sie zu gewöhnen? Immerhin hatten sie bald so viel Respekt vor ihm, dass sie es nach anfänglichen Versuchen aufgaben, auf sein Motorrad zu klettern.

Katzen beruhigen mich. Ursprünglich hatte ich drei Katzen mit in die Ehe gebracht. Doch den schwarzen Perserkater gaben wir zwischenzeitlich ab. Er war ein Einzelgänger gewesen, futterneidisch und eifersüchtig auf die anderen. Wenn er nicht die volle Aufmerksamkeit bekam, wurde er ungemütlich. Deshalb überließen wir ihn irgendwann Thomas' bestem Freund, bei dem er zum Mittelpunkt des Familiengeschehens wurde. Man sagt, Katzen seien ein Kinderersatz, aber für mich waren sie das nie. Kein Tier kann ein Kind ersetzen.

Als wir nun auf das Ergebnis des Spermiogramms warteten, waren mir selbst meine Katzen zu viel. Verunsichert umschlichen sie meine Beine und wollten gestreichelt werden. Doch dazu war ich nicht in der Lage, obwohl ich den weißen Kater und unsere Graue sehr liebte. Endlich, nach stundenlangem Warten, erfuhren wir das Ergebnis. Negativ. Bei der ersten Untersuchung wäre dem untersuchenden Assistenzarzt ein Fehler unterlaufen, sagte man uns. Er hatte das zum ersten Mal gemacht.

Ich war erleichtert und traurig zugleich. Nun war es eindeutig. Die Unfruchtbarkeit betraf einzig und allein mich, und mir wurde immer klarer, dass ich um eine weitere künstliche Befruchtung nicht mehr herumkam.

»Wollt ihr euch nicht doch mit der Kinderlosigkeit arrangieren?«, wurden wir von einer guten Bekannten gefragt.

»Nein«, antworteten wir bestimmt wie aus einem Mund. Und ich fügte hinzu: »So weit sind wir noch lange nicht.«

Frau Doktor S. bestärkte uns in unserem Entschluss. Wenn wir nicht auf sie zugekommen wären, hätte sie uns selbst eine IVF nahe gelegt.

In einem Beratungsgespräch brachte sie uns auf den neuesten Stand der Forschung. Die Erfolgsaussichten waren nicht schlecht. Die Wahrscheinlichkeit einer Schwangerschaft lag mittlerweile bei etwa 25 Prozent pro Menstruationszyklus. Laut Gesetz durften inzwischen bis zu drei Embryonen übertragen werden – und das nicht nur zwei Tage nach der Eizellenentnahme, sondern auch zu späteren Zeitpunkten. Da alle bei der IVF entstandenen Embryonen auch tatsächlich übertragen werden müssen, werden nur einen Tag nach der Befruchtung, kurz vor dem Verschmelzen von Samen und Eizelle, überschüssige Zellen eingefroren. Dabei handelt es sich noch nicht um Embryonen, sondern um Zellen im so genannten Pronukleusstadium, bei denen der männliche und weibliche Zellkern noch nicht verschmolzen sind. Wenn eine solche Pronukleuszelle oder Kryo, wie sie dann auch heißt, aufgetaut und erneut in die Nährlösung eines Reagenzglases gegeben wird, entwickelt sie sich im Idealfall nach zirka einem weiteren Tag zu einem Embryo, der anschließend während des Eisprungs übertragen wird.

Anfang November begannen wir nach einer zweiwöchigen Ruhigstellung der Eierstöcke mit der Hormonbehandlung. Ich hatte große Angst davor, aus der Erfahrung mit meiner ersten IVF wusste ich, dass meine Eierstöcke extrem stark auf die Stimulierung mit Gonadotropin reagieren und ich zu viele Eizellen produziere. Da ich nicht täglich in die Klinik fahren konnte, spritzte Thomas mir das Hormon. An sich ist das nur Krankenschwestern mit einer Prüfung erlaubt, und viele Männer können so etwas nicht oder weigern sich auch, es zu tun. Aber wenn ein Mann zu seiner Frau sagt: »Das kann ich nicht, das mag ich nicht machen, kümmere du dich darum, das ist deine Sache!«, dann denke ich, dass er nicht richtig hinter der Sache und seiner Frau steht. Vermutlich scheitern solche Paare in ihrem Kinderwunsch auch eher als andere, die das gemeinsam tragen. Entweder ich springe über meinen Schatten oder ich lasse es von vornherein sein. Denn mit dem Abgeben von Sperma ist es nicht getan. Gerade bei den Behandlungen sollte der Mann immer dabei sein und die Initiative ergreifen, ob es nun ums Spritzen geht oder einfach nur ums Handhalten. Dann ist es wirklich eine gemeinsame Angelegenheit, und die Frau fühlt sich nicht so allein oder gar im Stich gelassen.

Die erste muskuläre Injektion für das Gelbkörperhormon hatte er sich von Frau Doktor S. zeigen lassen. Sie zeigte ihm, welche Nadeln er nehmen und wie er vom Beckenknochen ausgehend mit dem Mittel- und Zeigefinger ein V machen und von dort aus seitlich in den Oberschenkel spritzen muss. Die Blutabnahme für den Schwangerschaftstest hatte ihm unsere Nachbarin, die Krankenschwester ist, beigebracht. Ich selbst konnte das nicht. Mir wurde schon bei dem Gedanken übel. Für Thomas aber war das kein Problem, da er sich bereits nach seiner Knie-Operation gegen Thrombose selbst hatte spritzen müssen. Und beim Zahnarzt lässt er sich ohne Bedenken eine Spritze geben – allein vor dem Geräusch des Bohrers jedoch hat er gehörig Respekt.

Schon nach wenigen Tagen spürte ich Schmerzen im Bauch und mir war übel vom Wasser, das sich in meinem Unterleib ansammelte. Ich sah sie förmlich wachsen, die kleinen Bläschen auf meinen Eierstöcken, die von der Größe einer Kastanie nun zur Orange anschwollen. Einerseits war es gut, wenn ich viele Eizellen produzierte, erhöhte das doch die Embryotransfer-Rate. Aber die gesundheitlichen Risiken waren erheblich. Auch in der Lunge konnte sich Wasser ansammeln und ein lebensgefährlicher Verschluss von Blutgefäßen war ebenfalls möglich.

Zirka zehn Tage nach Beginn der Hormonbehandlung bekam ich zu einer bestimmten Uhrzeit Pregnesin zum Auslösen des Eisprungs. In den Tagen zuvor durften wir nicht miteinander schlafen, um die maximale Samenqualität zu erreichen. Das empfanden wir als sehr lästig. Denn gerade dann hatten wir meist Lust. Außerdem hätte es mich von den Schmerzen abgelenkt, die kurz vor der Punktion unerträglich wurden.

Thomas' Gesicht vor mir verschwamm plötzlich. Seine blauen, klaren Augen versanken in gelbem Nebel. Eine Katzenpfote schlug nach ihnen und verwandelte sich in eine lange, dünne Nadel, die in meinen Mund geführt wurde.

Ich war narkotisiert und ließ Thomas in seinem grünen Froschkostüm allein zurück mit den Ärzten, die gerade meine Scheidenwand durchstachen und dem ZDF-Team, das mich dabei filmte.

Später sah ich die Szene im Fernsehen, meinen hilflos dreinblickenden Mann, der mich streichelte und sagte: »Sie ist so nah und doch so fern, und ich kann nichts ausrichten.« Sein einsamer Gang in das Kämmerchen mit den orangefarbenen Vorhängen, das uns inzwischen schon richtig vertraut war. Sein verlegenes »Es war nett!«, als er die Tür vor den Kameramännern verschloss. Wir hatten viel gelacht dabei und die Fliesen und kahlen Wände um uns herum vergessen.

Insgesamt 27 Eizellen wurden bei der Punktion entnommen und zu Thomas' Samen in eine Nährlösung gegeben. Ich hatte zum ersten Mal ein gutes Gefühl, als ich aus der Narkose erwachte.

Zwei Tage später waren wir wieder mit einem Kameratross in der Klinik. Susanne Wieseler, die inzwischen schwanger war, hatte uns gefragt, ob das Fernsehteam auch bei dem Transfer und den folgenden Untersuchungen dabei sein durfte. Wir hatten zugestimmt, ohne zu wissen, welche Achterbahnfahrt uns erwartete.

Die Laborantin teilte uns mit, dass sich insgesamt 16 Eizellen hatten befruchten lassen. Das war ein hervorragendes Ergebnis. Einem Embryotransfer stand nun nichts mehr im Wege. Zunächst wollte ich mir zwei Embryonen übertragen lassen. Die übrigen vierzehn Pronukleuszellen sollten für weitere Transfers eingefroren werden.

Wieder kletterte ich auf den Untersuchungsstuhl. Thomas setzte sich neben mich und streichelte meine Hand. Seine Zärtlichkeit beruhigte meine angespannten Nerven. Es war ein seltsames Gefühl zu wissen, dass in diesem Moment schon richtige Embryos in meinen Bauch kamen. Werde ich sie halten können? Mein Blick fiel auf die blau gestrichene Eingangstür. Zahllose fotogene Babys lachten mich von dort aus an. Sie alle waren im Reagenzglas entstanden und hatten es geschafft, auf die Welt zu kommen. Wird eines Tages auch das Foto unseres Kindes an dieser blau gestrichenen Tür hängen?

Zwei Wochen mussten wir auf den Schwangerschaftstest warten. Bis dahin wurde ich krankgeschrieben. Freunde und auch meine Schwester rieten mir, schon vorher in die Apotheke zu gehen und mir einen Test zu holen. Doch das wollte ich nicht. So oder so würde ich glücklich oder enttäuscht sein.

Meine Aufregung wuchs mit jedem Tag. Ich wurde launisch und ein wenig zickig. Ständig fragte ich Thomas, der sich Mühe gab, nicht die Geduld mit mir zu verlieren: »Was meinst du, ob es geklappt hat?«

»Natürlich, Maus, was denn sonst«, war seine stets gleiche Antwort.

»Wie kannst du da nur so sicher sein?«, hakte ich nach, um wiederum nur zur Antwort zu bekommen: »Weil ich es weiß!«

Ich glaubte ihm dennoch nicht. Um mich zu beruhigen, putzte ich ununterbrochen. Meine Wohnung war so sauber wie nie zuvor. War es tatsächlich geglückt? Oder würde ich wieder enttäuscht werden? Mit wem könnte ich darüber reden? Wer konnte mir raten? In meinem unmittelbaren Umfeld gab es damals noch niemanden, der dafür in Frage kam. Bis ich eines Tages von einer Leidensgenossin, die am selben Tag wie ich punktiert worden war, vom Kinderwunschforum im Internet erfuhr. Es befand sich auf der Website *www.wunschkinder.net,* die ein Ärzteehepaar aus Burgwedel bei Hannover betreibt. Doktor Gabriele Voges-Breitbach und ihr Mann Doktor Elmar Breitbach hatten es 1998 ins Leben gerufen. Hier findet man – sehr übersichtlich gestaltet – alles zum Thema Fruchtbarkeit, Schwangerschaft und Geburt, sowohl in medizinischer, psychologischer, therapeutischer wie juristischer Hinsicht, Antworten auf die häufigsten Fragen, die sich für Wunschkind-Eltern stellen, ein Glossar, das knapp und verständlich informiert und verschiedene Foren, in denen Betroffene chatten können. Bereits innerhalb von wenigen Minuten erhielt man Antwort von anderen Teilnehmern oder in spätestens 24 Stunden vom Mitarbeiterteam der Kinderwunschseite.

Anfang Dezember schickte ich meinen ersten Zeilen in den Chatroom.

»Hallo, ihr da draußen, wer kann mir helfen? Ich habe jetzt meinen ersten IVF-Versuch hinter mir und muss am Montag, den 11.12., zum Bluttest. Ich bin total aufgewühlt und habe Angst, alles falsch gemacht zu haben. Die Ärzte haben mich zwei Wochen lang krankgeschrieben, weil ich mich ja schonen soll. Aber ich bin nicht der Mensch dafür, der sich nur hinlegen und nichts machen kann. Also bin ich dem Alltag nachgegangen, um mich abzulenken. Wurde von euch jemand bei der ersten IVF schwanger. Und wie hat er sich verhalten?«

Nur 20 Minuten später erhielt ich die erste Antwort. Tanja hatte schon eine IVF hinter sich und bereitete sich gerade auf die nächste vor. Sie riet mir, ich sollte »keinen Sport treiben«, aber »ruhig arbeiten«. Das lenke auch von den ewigen Grübeleien ab.

Ich war froh, so schnell eine Antwort erhalten zu haben. Endlich konnte ich mich mit Gleichgesinnten austauschen, ohne missverstanden zu werden, auch wenn mir das Gelesene manchmal noch mehr Angst machte, als ich vorher schon gehabt hatte.

Jessi, die ihre erste IVF noch vor sich hatte, gab mir den Rat ihres Arztes weiter: »viel spazieren gehen, damit sich die Bauchmuskulatur nicht so verkrampft«.

Bettina schrieb: »Lass dich nicht verrückt machen. Was man richtig macht und was falsch, weiß man sowieso nicht!« Bei ihr wunderte ich mich, dass ihr Arzt sie nur für fünf Tage nach der IVF krankgeschrieben hatte. Aber sie war inzwischen schwanger, und das machte mir Mut.

»Soll ich mir vielleicht einen Test aus der Apotheke holen?«, fragte ich meine anonymen Internetgenossinnen. Ich hielt die Ungewissheit kaum noch aus.

Da bekam ich erstmals eine Antwort vom Team der Kinderwunschseite. »Ich verstehe Ihre Ungeduld«, schrieb mir

Doktor Breitbach, »aber von einem so frühen Test kann ich nur abraten, er kostet Geld und bringt einen im Normalfall auch nicht weiter. Siehe auch ›häufige Fragen‹«. Ich klickte auf der Kinderwunschseite die entsprechende Rubrik an und fand weitere Informationen: Der so genannte Schwangerschaftstest reagiert erst ab 50 HCG im Urin. Macht man ihn zu früh, könnte er negativ sein – trotz einer Schwangerschaft, weil nach so wenigen Tagen der entsprechende Wert noch nicht erreicht ist.

Also ließ ich es bleiben.

Meine Ablenkung von der schier unerträglichen Neugier war nun, dass ich Thomas von seinem angestammten Platz vor dem Computer verscheuchte und den ganzen Tag im Chatroom verbrachte. Mich beunruhigte, dass ich innerhalb der ersten Woche noch die Auswirkungen der Überstimulation spürte, ein Ziehen im Bauch wie vor der Regel.

»Kann man trotz Regelschmerzen schwanger sein?«, befragte ich erneut meine Leidensgenossinnen.

»Mir geht es ähnlich«, erhielt ich prompt Antwort von einer Frau, die sich ›Mimi‹ nannte und die ebenfalls gerade einen Embryotransfer hatte. »Das sind Auswirkungen der Überstimulation. Aber zehn Tage nach der Übertragung wurde es besser. Das Team der Kinderwunschseite schrieb mir, dass das durchaus ein gutes Zeichen sein könnte.«

Ich dankte, und wir versprachen, uns gegenseitig die Daumen zu drücken.

Doch kaum hatte ich wieder Hoffnung geschöpft, schrieb Mimi, sie hätte heute »die übliche Migräne« bekommen, im Bauch zöge es und nun wäre auch noch ihr »absolut zuverlässiger Mens-Pickel« aufgeblüht.

Das brachte mich völlig durcheinander.

»Ist ein Pickel ein gutes oder ein schlechtes Zeichen?«, fragte ich Thomas mindestens dreimal am Tag und bekam doch nur die stereotype Antwort: »Wart's doch einfach ab!«

Thomas hatte gut reden. Vor allem »einfach« … Inzwischen nahmen meine Bauchschmerzen wieder zu, wenn sie sich auch ein wenig anders als sonst anfühlten. Ich wusste nicht, was ich davon halten sollte.

Drei Tage vor dem Test wurde mir übel. Hieß das etwa? Aber ich hatte kein Brustziehen.

Wie konnte ich nur locker bleiben?

Da schrieb mir Andrea, dass sie wie ich entsetzliches Sodbrennen gehabt hatte und dann tatsächlich schwanger gewesen wäre. Also vielleicht doch »positiv«?

Jeden Abend legte ich meine Hand auf den Bauch und sprach mit den Geschöpfen, die sich hoffentlich in meiner Schleimhaut eingenistet hatten. Die Gynäkologin meinte ja sogar zwei Fruchthüllen gesehen zu haben.

»Zwillinge, o mein Gott!«, hatte ich ausgerufen.

Thomas war weiterhin optimistisch. »Das klappt schon, ganz sicher!«

Ich wollte ihm gern glauben.

Es war noch ein Tag bis zum Test. Alle Chatroom-Teilnehmer drückten mir von ganzem Herzen die Daumen.

Aus. Ende! Am Tag des Schwangerschaftstestes setzte die Blutung ein, »die rote Pest«, wie ich sie für mich nannte. Ich war so verzweifelt, dass ich noch nicht einmal weinen konnte. Es war mitten auf dem Weihnachtsmarkt. Aus einem Lautsprecher dröhnte es *Ihr Kinderlein kommet, o kommet doch all!*, und ich sah überall Kinder herumlaufen und lachen und ihre Mütter – und mir wurde immer elender zu Mute. Thomas, der ahnte, was passiert war, als er mein Gesicht sah, nahm mich ohne ein Wort in die Arme.

»Mein einziger Trost ist«, sagte ich zu ihm, »dass wir noch 14 kleine Eskimos eingefroren haben. Vielleicht ist da ja ein kleiner Kämpfer dabei.«

Insgeheim fragte ich mich aber, was ich bloß falsch gemacht hatte. Zum Test wollte ich nun nicht mehr. Was sollte ich dort? Es war doch sowieso vorbei! Thomas überredete mich dennoch, in die Klinik zu gehen. »Man kann nie wissen«, meinte er.

Ich war wie betäubt bei der Blutabnahme, ließ mich von Thomas führen wie eine Marionette. Der Blick der Ärztin – leider war es nicht Frau Doktor S. – auf das Ultraschallbild verhieß nichts Gutes.

»Warten wir dennoch das Testergebnis ab«, sagte sie und sah uns dabei nicht an. Schweigend fuhren wir nach Hause.

Ein paar Stunden später rief Thomas in der Klinik an. »Extrem grenzwertig positiv!«, rief er mir zu.

Ich glaubte, meinen Ohren nicht zu trauen. »Was heißt das?«, hauchte ich, aus Angst, schon die Frage könnte das Gehörte wieder zunichte machen.

»Na, du bist theoretisch schwanger«, sagte er etwas zögernd und stockte. »Praktisch nicht so ganz …«

Ich wusste nicht, was ich fühlen oder denken sollte. In meinem Hirn purzelte alles durcheinander.

»Ja, und jetzt?«

»Du sollst deine Medikamente nehmen, dir aber nicht allzu viele Hoffnungen machen.« Sein Gesicht war ernst, während er sprach.

Ich spürte, wie mir Tränen in die Augen schossen. »Was heißt ›Grenzwert positiv HCG 33‹?« Umgehend schickte ich meine bange Frage ins Internet.

»Liebe Birgit«, antwortete mir prompt Doktor Breitbach. »Der positive Wert spricht dafür, dass da ›etwas passiert‹ ist. Aber der Wert ist niedrig … Es ist durchaus möglich, dass er noch stark ansteigt und sich eine normale Schwangerschaft entwickelt. Der Test wurde leider sehr früh durchgeführt, für meinen Geschmack etwas zu früh, und deswegen jetzt auch die Unklarheit. Alles Gute und ansteigende Werte am Mittwoch!«

Zwei Tage später saßen wir wieder in der Klinik und warteten auf das Ergebnis einer weiteren Blutuntersuchung zur Feststellung des Schwangerschaftshormons. Ich hatte nach wie vor starke Unterleibsschmerzen und Blutungen. Meine Hoffnung war dennoch wieder etwas gestiegen, seit ich wusste, dass es noch nicht das endgültige Aus zu bedeuten hatte.

Thomas fummelte an meiner Hose vor Aufregung, bis ich ihm lachend auf die Finger schlug. Immerhin war das Fernsehen dabei.

»Sie hat gut lachen«, sagte Thomas und blickte dabei etwas verunsichert in die Kamera.

Ich war in einem merkwürdigen Schwebezustand, voller Freude und zugleich Skepsis, ich war übermütig wie ein Kind zu Weihnachten, das nicht weiß, ob es ein Geschenk oder die Rute bekommt.

»Ich krieg die Krise!«, rief ich plötzlich laut über den Gang, dass es bis ins Labor zu hören war. »Gib mir ’nen Hammer, dann schlag ich mir auf den Kopp und dann ist Ruh! Noch einmal geb ich kein Blut ab.« Die irritierten Blicke der anderen Wartenden ignorierte ich. Ich hielt die Anspannung einfach nicht mehr aus.

Endlich wurden wir ins Behandlungszimmer gerufen. Der HCG-Wert war 92 und damit seit der letzten Blutabnahme um das Dreifache gestiegen.

»Und jetzt?«, fragte ich die Ärztin und spürte mein Herz im Galopp davonrasen.

»Das könnte etwas werden«, meinte sie lächelnd.

Ich fühlte, wie mich eine Welle nach oben hob. »Ich bin schwanger!«, schrie ich so laut, dass selbst Thomas einen Schreck bekam.

KAPITEL 6

Die erste Krise

Die Blutungen hörten nicht auf. Im Gegenteil, sie wurden stärker.

»Wie stehen meine Chancen?«, fragte ich am Nachmittag des 14. Dezembers hilflos das Team der Kinderwunschseite. »Ich habe so eine Angst und weiß nicht mehr, was ich tun soll. Muss ich die Hoffnung aufgeben?«

»Ich kann Ihnen die Angst nicht nehmen«, schrieb Doktor Breitbach am Abend, versuchte mich dann aber zu beruhigen. »Zumindest jedoch ist der gegenwärtige Zustand noch kein Grund, alle Hoffnungen fahren zu lassen.«

Auch von anderer Seite wurde mir Mut gemacht. »Meine Schwägerin hatte vier Wochen starke Blutungen gehabt und ihr Kind ist jetzt zwei Jahre alt«, schrieb Heidi. »Wenn du dich wahnsinnig machst, wird es auch nicht besser.«

Wie sollte ich nur die Tage bis zum nächsten Untersuchungstermin aushalten? Der Computer und das Telefon waren mein einziger Trost. Und Thomas, der mich mehr als sonst in die Arme nahm, mir den Rücken kraulte und die Füße massierte. Wie dankbar war ich, diese seelischen Sturmwellen nicht allein aushalten zu müssen.

Endlich, eine Woche nach dem ersten Schwangerschaftstest, hörte die Blutung auf. Ich traute meinen Augen kaum und rannte wie von Sinnen zu Thomas. »Es ist geschafft«, flüsterte ich unter Tränen. »Die rote Pest ist vorbei!« Ich fühlte mich um Tonnen erleichtert.

Ein neuerlicher Bluttest bestärkte uns. Das Schwangerschaftshormon war um das Vierfache gestiegen. Konnten wir also sicher sein? Im Ultraschall sah man eine winzige Einnistung, aber noch keinen Herzschlag. Was bedeutete das?

Unsicher wanderte unser Blick von der Gynäkologin zum Monitor. Würde sie uns weiterhin Hoffnung machen?

»Die Schleimhaut ist nicht dick genug bisher. Im schlimmsten Fall kann es eine Eileiterschwangerschaft sein. Sie müssten dann sofort operiert werden.«

Die Worte der Gynäkologin schlugen wie ein Hammer auf meinen Kopf. Ich spürte, wie meine Gesichtszüge gefroren. Thomas streichelte unablässig meine Hand. Aber ich nahm es kaum wahr. Gebannt starrten wir auf den Monitor, als müssten wir nur richtig hinsehen, und unser Zwerg würde sich plötzlich zeigen und rufen: »Hallo, hier bin ich. Macht euch keine Sorgen. Alles wird gut!«

Ich wusste, dass eine Eileiterschwangerschaft tödlich sein konnte. Wenn die Embryonen zurück in den Eileiter wandern, was manchmal der Fall ist, und weiterwachsen, ist ein Riss der Tuben nicht ausgeschlossen und es kann zu einer lebensgefährlichen Blutung kommen. Trug ich eine Zeitbombe in meinem Bauch? Wurden meine Wunschkinder etwa zur Todesfalle für mich? Wann endlich konnte ich sicher sein über das, was in mir passierte?

Vier Tage vor Heiligabend waren wir wieder beim Ultraschall. Die HCG-Werte hatten sich nach wie vor erhöht, wenn auch nicht mehr so rasant wie zuvor. Um ganz sicher zu gehen, wurde mein Bauch dieses Mal an einem hochauflösenden Gerät untersucht. Die graue Masse, die meinen Uterus darstellte, waberte über den Bildschirm.

»Kein Wachstum festzustellen«, hörte ich die schnarrende Stimme der Gynäkologin. »Es ist am sinnvollsten, eine Ausschabung zu machen. Es wäre schon morgen möglich.«

Mir stockte der Atem.

»Heißt das, aus und vorbei?«

»Leider ja«, bestätigte sie und schaltete das Gerät aus. Die Faust in die Wange gestützt, schaute ich auf den Monitor. Ich konnte es einfach nicht glauben, dass unser Zwerg tot und einfach von der Bildfläche verschwunden sein sollte. Ich spürte, wie Thomas meine Hand nahm und mich behutsam nach draußen führte. In meinem Körper war alles leer, so leer wie auf dem Bildschirm, nach dem ich mich immer wieder umblickte. Als bräuchte es nur ein Zauberwort, und er käme wieder zum Vorschein, mein kleiner Lichtblick, mein Baby, mit dem ich doch schon gelebt hatte! Wie ein verwundetes Tier hetzte mein Blick über den Gang vor dem Untersuchungszimmer. Hätte Thomas mich nicht festgehalten, ich wäre gegen die Wände gerannt.

Das Weihnachtsfest habe ich mehr oder weniger über mich ergehen lassen. Heiligabend verbrachten wir allein. Ich habe eins von Thomas' Lieblingsessen gekocht und vor Tränen kaum gesehen, was ich da zusammenrührte. Später brachte ich keinen Bissen herunter. Und bei der Bescherung weinte ich immer noch. Ich wollte niemanden sehen, mit niemandem sprechen, mit meiner Traurigkeit allein sein.

Am ersten Weihnachtsfeiertag kamen Thomas' Kinder. Ich hätte es am liebsten abgesagt. Aber dieser Besuch war seit Langem so geplant, und Thomas wollte die zarten Bande der

Normalität, die sich seit unserer Hochzeit wieder gebildet hatten, nicht gefährden. Wenigstens musste ich nicht zu Hause kochen. Meine Mutter lud uns alle zum Essen ein. Doch selbst das war zu viel für mich. Alle taten, als wäre nichts geschehen. Als hätte ich nicht gerade unser Kind verloren. Ich saß wie eine Fremde am Tisch und hörte meine Mutter reden und reden, das Lachen von Thomas' Kindern, seine Freude an ihnen. Er schien viel weniger deprimiert als ich. Für ihn war die Tatsache, dass ich überhaupt schon einmal schwanger geworden war, frohe Botschaft genug. Ich fühlte mich so verlassen, so allein, dass ich einen sinnlosen Streit vom Zaun brach und mitten im Wortgefecht aus der Wohnung rannte. Ich wollte die Trauer, die in mir war, nicht an den Kindern auslassen. Das verbot ich mir prinzipiell. Und doch war allein die Tatsache, dass Thomas bereits zwei Kinder hatte, ein weiterer Stachel in meiner ohnehin schon verwundeten Seele.

Am Silvesterwochenende sollten die beiden wiederkommen. Allein die Vorstellung davon löste Panik in mir aus. Am Morgen des 29. Dezembers, dem Tag der Ausschabung, bat ich ihn, den Besuch abzusagen. Wenn ich aufwachte aus der Narkose, wollte ich ihn bei mir haben, ganz für mich allein.

Thomas verstand mich nicht.

»Die Kinder kommen«, sagte er knapp. »Aber ich fahre dich in die Klinik.«

Außer mir vor Trauer, Ohnmacht und Wut brüllte ich ihn an. »Darauf kann ich verzichten! Was bin ich dir wert, wenn du nicht da bist, wenn ich dich brauche. Sieht so deine Liebe aus?«

Ich weiß nicht mehr, was Thomas darauf antwortete. Tränen strömten über mein Gesicht. Meine Enttäuschung, dass ihm in diesem Moment seine Kinder mehr bedeuteten als ich, war grenzenlos. Ich hätte ihn nie vor die Wahl gestellt: entweder die Kinder oder ich. Aber als ich unser Baby verlor, hätte ich ihn mehr gebraucht als sie ihn. Nie mehr einen Mann mit Kindern, schrie es in mir. Ich nahm nichts mehr wahr um mich herum, hatte meine alten Mauern wieder hochgezogen. Selbst wenn Thomas mir danach gesagt hätte, er würde doch bei mir bleiben, ich hätte ihn nicht mehr gehört.

Ich fuhr tatsächlich allein in die Klinik zur Operation. Vor Tränen sah ich die Straße kaum. Im Krankenhaus weinte ich immer noch. Ich hatte keine Gewalt mehr über meinen Körper, der nur noch zitterte. Niemandem gelang es, mich zu beruhigen. Wo war Thomas? Bei der Vorbereitung zur OP kollabierte ich. Ich weiß nicht mehr, was die Ärzte dann mit mir unternahmen. Als ich wieder zu mir kam, sah ich Thomas Gesicht über mir, seinen besorgten, liebevollen Blick, der mich endlich beruhigte. Ich nahm seinen Kopf und drückte ihn an meine Wange.

»Mach das nie wieder! Versprichst du mir das?«, flüsterte ich.

Thomas sagte nichts. Aber ich spürte sein Nicken und seine feste Umarmung, und da wusste ich: Jetzt ist es gut. Jetzt kann ich mich ausschaben lassen.

Wir hatten unseren ersten großen Streit überstanden. Später wurde mir klar, dass Thomas nicht weniger gelitten hatte als ich, jedoch auf seine Art. Für ihn war die Gegenwart seiner Kinder Trost gewesen, sie hatte ihm Kraft gegeben, weiterzumachen. Wir hatten noch einmal in Ruhe darüber geredet, was uns beiden nicht leicht fiel. Mit Thomas zu diskutieren ist nicht einfach, da er mit Warum-Fragen wenig anzufangen weiß.

Wenn ich ihn fragte: »Machen wir im nächsten Monat weiter«?, antwortet er: »Ja.« Damit musste ich mich zufrieden geben.

Hakte ich nach: »Was heißt ›ja‹?«, bekam ich zur Antwort: »Ja! Das muss dir reichen!«

Ich hätte aber gern gewusst, warum er weitermachen will, weshalb ihm das wichtig ist. Doch eine Begründung bekam ich fast nie. Der Fakt hatte zu genügen.

Thomas ist eben nicht der Typ, der viel redet, erst recht nicht, wenn er traurig ist. Er zieht sich dann an den Computer zurück und schweigt. Das ist seine Art abzuschalten, auf andere Gedanken zu kommen. Ich hingegen muss reden, während er in Ruhe gelassen werden will. Das Problem ist nur, schaffen wir es endlich zu reden, bin ich meist schon so wütend, dass mich keine rationalen Argumente mehr erreichen. Dann brülle ich richtig. Da wird nichts mehr unter den Teppich gekehrt. Letztlich ist das wohl gut so. Paare, die nie streiten, sind mir unheimlich. Aber vielleicht ist das Temperamentssache, und bei mir kommen in solchen Momenten sicher meine slawischen Vorfahren durch.

Doch zum Glück halten Streitigkeiten bei uns nie lange an. Meist schaffen wir es nur, einen halben Tag lang zu schmollen. Ich würde es vielleicht länger durchhalten, weil ich stur bin und nicht sofort wieder zur Tagesordnung übergehen kann. Wahrscheinlich bin ich sogar rechthaberisch, ich kann schlecht aus meiner Haut. Gewöhnlich versucht Thomas deshalb als Erster, wieder einzulenken. Wenn er dann mit seinem Dackelblick auf mich zukommt, schmilzt mein Herz, und ich falle ihm gern wieder in die Arme. Länger als einen Tag kann ich ihm einfach nicht böse sein.

Das neue Jahr begann für mich mit Erbrechen, ohne die Belohnung dafür zu haben, schwanger zu sein. Das Schwangerschaftshormon wirkte auch noch nach der Ausschabung in meinem Körper nach. Fast 14 Tage lang überstand ich keine Autofahrt ohne Brechtüten. Ich hatte ohnehin kaum noch Lust, das Haus zu verlassen. Ich mochte keine Schwangeren und Kinder sehen. Eine lähmende Schwere hatte mich überfallen, Ohnmacht meine Wut abgelöst. Ich zog mich an den Computer zurück. Verzweifelt suchte ich nach Ursachen für die Fehlgeburt. Was hatte ich falsch gemacht? Hatte ich mir die Spritzen doch nicht zum richtigen Zeitpunkt setzen lassen oder mich überanstrengt, zu viel geschleppt? Ich machte ja die Einkäufe. Hätte ich mich mehr hinlegen sollen, anstatt meinen Alltag normal weiterzuleben? Lag es vielleicht am Rauchen? Ich wusste, dass es womöglich die Fruchtbarkeit beeinträchtigen konnte, da das Nikotin die Schleimhäute beeinflusste. Bei den Voruntersuchungen hatte ich meinen Zigarettenkonsum immer angeben müssen. Fast eine Schachtel rauchte ich am Tag. Ich sehe noch den strafenden Blick der Gynäkologin in der Heidelberger Kinderwunschsprechstunde, als ich ihr das sagte. Sollte ich aufhören?

Das war leichter gesagt als getan. Ich komme aus einer starken Raucherfamilie und rauchte seit früher Jugend. Es war mir quasi in die Wiege gelegt. Gerade wenn ich Probleme hatte, nervös war und unglücklich, war der Griff zur Zigarette mein Beruhigungsmittel, selbst wenn es nicht wirklich half. Aber diesen Gedanken verdrängte ich lieber ganz schnell, zumindest vorerst.

Was also hätte ich anders machen sollen? Ich wusste es nicht. Niemand konnte es mir sagen. Für Doktor Breitbach war es »das fehlende Quäntchen Glück, das man selbst bei einem positiven Schwangerschaftstest noch braucht«. Immerhin fand ich Trost bei einer Leidensgenossin im Internet.

»Mir geht es genauso«, schrieb mir Jonna, »nach der vierten ICSI (dabei wird ein einzelner Samen außerhalb des Körpers direkt in die Eizelle gespritzt) Fehlgeburt in der achten Schwangerschaftswoche. Auch bei mir immer die Angst einer Eileiterschwangerschaft. Aber nun ist alles vorbei, und ich vertraue darauf, dass mein Körper nun weiß, was er zu tun hat: schwanger werden! Eure Eskimos warten auf euch. Und denkt daran. Es gibt auch noch andere schöne Dinge auf der Welt, die man nicht aus den Augen verlieren sollte.«

Sie hatte Recht. Zwar warteten noch 14 Kryos darauf, aufgetaut und eingesetzt zu werden, aber das Leben hatte auch noch anderes zu bieten. Wir mussten aufpassen, dass uns der Kinderwunsch nicht vollends beherrschte, sodass wir kein anderes Thema mehr hatten. Die Gefahr, sich damit zu isolieren, ist groß. Alte Bekanntschaften hatten unsere ersten Ehen nicht überlebt. Unsere neuen Freunde waren und sind meist selbst Betroffene, die wir aus der Kinderwunschsprechstunde kennen. Wie Birhan, eine hübsche Frau in meinem Alter, mit halblangem, braunem Haar, zierlich und schick, die am Tag der Ausschabung plötzlich in der Tür meines Krankenhauszimmers gestanden hatte. Wir hatten uns bisher nur vom Chatroom und vom Telefon her gekannt. Wie ich versuchte sie seit einigen Jahren, ein Kind zu bekommen. Ich war sehr überrascht, sie zu sehen, ist das Medium Internet bei allem Persönlichen doch anonym. Man weiß nicht, wer hinter den Worten steht, wie der andere aussieht, was er wirklich für ein Mensch ist. Birhan hatte sich im Chatroom als ›Emily‹ ausgegeben. Ihr richtiger Name Birhan hingegen deutete auf eine türkische Abstammung.

Es überraschte mich, dass sie den Mut gefunden hatte, einfach ins Krankenhaus zu kommen, war ich doch in einem ziemlich desolaten Zustand. Aber vielleicht brachte uns gerade das einander sofort näher.

Im ersten Moment war Birhan allerdings irritiert gewesen. Ihre großen dunklen Augen wanderten erstaunt über meine gepiercte Nase und auf mein Dekolletee, wo sich der Skorpionschwanz ringelte. Wie sie mir später gestand, hatte sie eine »Alternative« erwartet, mit langem Wollrock, fußgerechten Schuhen und indifferentem Haarschnitt. Und nun sah sie das völlige Gegenteil vor sich. Meine Tee- und Akupunkturempfehlungen im Chatroom hatten sie anscheinend auf die falsche Fährte geführt.

Schon nach den ersten Sätzen war uns klar, dass wir einander verstanden, in unseren Gefühlen wie unseren Problemen. Das hat sich bis heute nicht geändert. Birhan ist eine moderne Türkin, die in Deutschland aufgewachsen ist und mittlerweile auch einen deutschen Pass besitzt. Während ihre Mutter noch gebrochen deutsch spricht, hat sie nicht mal einen Akzent. Ich finde es immer komisch, wenn sie türkisch spricht und mitten im Satz auf Deutsch weiterredet. Der Chatroom der Kinderwunschsprechstunde war für sie wie für mich ein Ort, an dem wir unsere Gefühle ungehemmt loswerden und von Gleichgesinnten Trost und Rat erhalten konnten. Birhan war ICSI-Kandidatin und hatte bereits eine Eileiterschwangerschaft erlebt. Ihr Mann Mario, der kroatischer Abstammung ist, hatte in der Kindheit Mumps, weshalb sein Samen nicht mehr die für eine Befruchtung notwendige Qualität besaß. Für sie war der unerfüllte Kinderwunsch noch zusätzlich belastet durch ihre religiös-patriarchalisch geprägten Familien. Macht doch erst ein Kind die Frau zum vollwertigen Mitglied der Familie und stellt die Männlichkeit des Partners unter Beweis. Diesem oft unausgesprochenen Druck zu widerstehen und dabei den eigenen Weg zu finden, ist nicht leicht. Als Krankenschwester auf einer Intensivstation kannte Birhan die Risiken einer künstlichen Befruchtung zudem aus unmittelbarer Anschauung. Mehrmals schon hatte sie Frauen erlebt, die in Lebensgefahr mit Überstimulationssyndromen in ihre Klinik eingeliefert wurden. Das machte sie vorsichtiger, als ich es war.

Ein Woche nach der Fehlgeburt verabredeten ich und Thomas uns mit Birhan und Mario, die zufällig in unserer Nähe wohnten, in einem Lokal in Speyer zum Essen. Wir verstanden uns auch zu viert auf Anhieb, ohne uns nur über Eisprung, Hormone und unsere »Eskimos« zu unterhalten. Mit Mario plauderte ich sogar etwas in meiner Muttersprache. Oder sollte ich besser sagen: Vatersprache? Slowenisch, das ich in meiner Kindheit zu Hause und in den Ferien in Planina gesprochen hatte, und Kroatisch unterscheiden sich nicht wesentlich. Dennoch gaben wir es bald auf, denn es war, als würde sich ein Niederbayer mit einem Schwaben unterhalten. An jenem Abend habe ich seit Langem zum ersten Mal wieder gelacht.

Auf dem Heimweg zeigte Thomas auf den eisklaren Himmel und sah mich ernst an. »Siehst du den hellen Stern da oben?«

»Es ist die Venus, glaub ich.«

»So wie dieser Stern jeden Abend aufs Neue aufgeht, werden wir eines Tages Kinder haben.«

»Sicher?«

»Sicher!«

Das Leben schien mir plötzlich wieder leicht und schön.

KAPITEL 7

Zwischen Hoffen und Bangen

Ich blickte zum Himmel und sah den winzigen Körper, der aus einem Flugzeug, das langsam hinter den Wolken verschwand, fiel. In rasender Geschwindigkeit stürzte er nach unten. Es war Thomas. Mein Herz klopfte, auch wenn ich versuchte, gelassen auszusehen vor den Kameras, die auf mich gerichtet waren. Als der Fallschirm sich endlich öffnete, atmete ich erleichtert auf.

»Runter kommt er ja, egal wie«, sagte ich zu Susanne Wieseler, der Thomas dieses Abenteuer zu verdanken hatte. ›Aber was will ich mit einer Leiche?‹, ergänzte ich in Gedanken.

Thomas liebt gefährliche Abenteuer, das wusste ich ja mittlerweile. Ob Sporttauchen oder Motorradfahren, Hauptsache, der Adrenalinpegel steigt. Er könnte sich auch vorstellen, beim Formel-1-Rennen im Zweisitzer von Mercedes Benz mitzufahren, in einem Kampfflugzeug zu sitzen oder im Doppeldecker Loopings zu fliegen. Schnell oder hoch sollte es sein.

Aber dass er nun auch noch vom Himmel stürzen musste!

»Das Gefühl ist unbeschreiblich«, erzählte er mir am Abend begeistert, »obwohl mir einen Moment lang durchaus der Schweiß ausgebrochen ist.« Es sprudelte nur so aus ihm heraus. »In 2 500 Meter Höhe hatte ich plötzlich Angst. Mein

Gott, dachte ich, was mache ich hier eigentlich? Unten stehen meine Frau und meine Kinder, und ich komme vielleicht nicht mehr lebend herunter! Aber für eine Umkehr war es zu spät. 1 000 Meter höher wartete mein Tandemspringer auf der Kante des Fliegers auf den Sprung. Wie ein nasser Kartoffelsack saß ich da und schaute auf die Landschaft unter mir. Alles schien endlos weit entfernt. Ich war sprachlos vor Erschütterung, so schön war der Ausblick.«

Ich konnte in Thomas Augen lesen, wie viel ihm das Erlebnis bedeutete. »Dann kam das Kommando zum Springen und wir stürzten 45 Sekunden lang nebeneinander mit 200 Stundenkilometern Geschwindigkeit auf die Erde zu. Ich spürte den enormen Luftdruck, den Wind, der uns um die Ohren und ins Gesicht pfiff. Dann öffnete sich der Fallschirm, und plötzlich war Totenstille. Es war wie eine Erlösung.«

Ich sah Thomas an und lächelte. Er wirkte so glücklich und entspannt wie schon lange nicht mehr.

Für mich war das alles nichts. Ich aalte mich lieber im Meer, ging ins Solarium oder lag auf dem Sofa und las, zum Beispiel *Der Feind in meinem Bett*. Noch vor der Verfilmung hatte ich es dreimal gelesen. Sonst muss ich ein Buch oft mehrmals anfangen, ohne bis zur Hälfte zu kommen. Aber dieses Buch begeisterte mich. Eine Frau, die mit einem Tyrannen verheiratet ist, der sie wegen jeder Kleinigkeit schlägt, verlässt diesen eines Tages. Als Nichtschwimmerin macht sie heimlich einen Schwimmkurs und lässt sich bei nächster Gelegenheit während einer Bootsfahrt ins Wasser fallen. Er denkt, sie sei ertrunken – und sie ist endlich frei. Das hat mich total fasziniert. Vielleicht erinnerte mich die Geschichte an die Ohnmacht meiner Mutter gegenüber meinem Vater, als ich ein Kind war. Auch für sie war die Scheidung von ihm die Befreiung gewesen.

Im Februar 2001 hatte ich meinen ersten Kryo-Transfer. Vier der in Zweierpaketen eingefrorenen Kryos waren aufgetaut worden, davon zwei sofort degeneriert. Von den restlichen hatte sich der eine Embryo in den nächsten 24 Stunden hervorragend geteilt, der andere nicht.

Das Auftauen ist immer eine kritische Angelegenheit, praktisch wie moralisch. Es ist eine seelisch bedrückende Entscheidung über Leben und Tod, denn viele Kryos überleben den Prozess nicht. Und dann ist wieder eine Chance vertan. Oder was macht man mit den eingefrorenen befruchteten Eizellen im Vorkernstadium, wenn man sich von einem Mann, mit dem einen einst der Kinderwunsch verband, getrennt hat? Diese Frage stellte sich auch für mich nach der Scheidung von Sebastian. In Amerika hat sich eine Frau kurz vor der Scheidung ohne Wissen ihres Mannes einen gemeinsam gezeugten Embryo einsetzen lassen. Der Mann verklagte die Frau nach der Geburt des Kindes, für das er nun Unterhalt zahlen musste. Der Fehler hatte bei den Ärzten gelegen, die bei dem Transfer nicht zusätzlich die Einwilligung des Mannes eingeholt hatten. Die Frau bekam Recht und erhielt eine Entschädigung von über 178 000 Dollar.

Ich habe die Kryos nach der Trennung von meinem ersten Mann verwerfen lassen. Wenn ich ein Kind nur für mich gewollte hätte, gleichgültig von welchem Mann, hätte ich diese Kryos als Reserve behalten. Doch ich wollte nur Kinder von einem Mann, den ich liebe und mit dem ich sie gemeinsam erziehen kann.

Thomas ließ mir die Wahl, wie viele Embryos ich mir einsetzen lassen wollte. Anders als die meisten Frauen, die eine IVF machen, hatte ich zum Glück viele Eizellen gebildet, die sich befruchten ließen. Mit diesen konnte ich einige Monate haushalten. Aber damit waren auch Ausgaben verbunden, die wir nicht so einfach in der Portokasse hatten. Für einen Kryo-Transfer mussten wir 300 bis 800 Euro einplanen. Die Krankenkasse übernahm zwar die Kosten für Inseminationen und zirka 3000 bis 5000 Euro pro IVF, das heißt, die Punktion und die Hormonbehandlungen, zuzüglich der Medikamentenkosten. Aber sie kam nicht für das Auftauen und Übertragen der Kryos auf. Im Schnitt genehmigte die Kasse vier künstliche Befruchtungen. Nach einer Fehlgeburt durfte man diese erneut beantragen. Oft ist das eine Auslegungssache des Sachbearbeiters der Krankenkasse. Wir haben in dieser Hinsicht viel Glück gehabt, sonst hätten wir viel früher aufhören müssen. Denn das Geld war knapp. Thomas hatte anderthalb Jahre lang keine Arbeit gefunden und unterhaltspflichtige Kinder. Zum Glück musste er bis auf wenige Monate seiner Frau keinen Unterhalt zahlen. Auch ich hatte nach der Scheidung von meinem ersten Mann freiwillig darauf verzichtet. Mit zwei gesunden Armen und Beinen konnte ich mich selbst ernähren. So denken nicht viele, und manch einer verstand das auch nicht. Aber ich fand es fairer so und fühlte mich besser damit.

Nach der Übertragung des einen Embryos machte ich mir nicht allzu viele Hoffnungen. Ich ließ mir von Thomas das Progesteron spritzen und ging alle zwei Tage ins Solarium, um meiner Seele etwas Gutes zu tun. Der Test 14 Tage später war, wie ich vermutet hatte, negativ. Ich nahm es gelassen. Zehn »Eskimos« hatten wir ja noch.

Einen weiteren Monat später, kurz vor meinem Eisprung, ließen wir zwei Kryos auftauen. Dieses Mal hatte ich ein gutes Gefühl. Und tatsächlich, beide überlebten und teilten sich gut.

Am 13. März 2001 fuhren wir frühmorgens in die Heidelberger Klinik. Es war ein kalter, sonniger Frühlingstag. Die Amseln zwitscherten bereits munter ihr Lied und mir war leicht ums Herz wie schon lange nicht mehr. Bei unserer Ankunft erlebten wir eine Überraschung, die einem Wunder glich. Drei der fünf Frauen, die vom ZDF-Team nun schon seit einigen Monaten unabhängig voneinander begleitet wurden, hatten zeitgleich mit mir ihren Eisprung, sodass wir mit unseren Männern in ein Zimmer kamen.

Die drei Frauen wurden zur Punktion vorbereitet. Zwei Tage später würden ihre Eibläschen mit dem Samen ihres Partners verschmolzen sein. »Verwechslung ausgeschlossen«, versprachen ihnen die Ärzte, was allgemeine Heiterkeit auslöste.

Es war schon seltsam, wie wir vier Paare da zusammen mit dem Drehteam in dem kleinen Klinikraum auf unsere Eingriffe warteten, aufgeregt und ein wenig zu forsch-fröhlich. Die Frauen in Nachtwäsche im Bett liegend und die Männer mehr oder weniger unsicher daneben stehend. Vielleicht klappte es ja dieses Mal bei uns allen. Ausgeschlossen war es nicht. Gemeinsam spekulierten wir, ob wir dann 18 Jahre lang zusammen die Geburtstage unserer hier entstandenen Kinder feiern würden.

Unsere Geschichten waren ähnlich und doch sehr verschieden. Eines der Paare hatte lange nicht gewusst, woran es liegt, dass sie nicht schwanger wurde. Während der Drehzeit erfuhren sie, dass zu zäher Muttermundschleim der Frau die Ursache war, der das Eindringen des Samens verhinderte. Außerdem ergab eine weitere Untersuchung, dass der Mann zeugungsunfähig ist. Um doch noch zu einem Kind zu kommen, blieb ihnen nur die künstliche Befruchtung. Es war ihre erste IVF, die uns nun zusammenführte. Wenn es nicht klappen sollte, wollten sie es noch ein Jahr lang versuchen und dann aufgeben. Das ständige Hoffen und Bangen der letzten Monate mit Inseminationen hätte sie zermürbt und würde allmählich ihre Ehe gefährden, sagte Anna, die »nur eine ganz normale schwäbische Hausfrau und Mutter« sein wollte. »Es gibt ja noch mehr im Leben.«

Für die 32-jährige Ellen war es fast wie ein Todesurteil, als ihr mitgeteilt wurde, sie könne nicht normal schwanger werden. »Bei Männern heißt es abwertend manchmal, ›du bist kein richtiger Mann‹. Und so ähnlich habe ich mich auch gefühlt: Ich bin keine richtige Frau.« Ellen und ihr Mann hatten sich gerade ein Haus gebaut, in dem drei Zimmer auf die sehnlichst erwünschten Babys warteten. Jahrelang hatten sie jeden Penny dreimal umgedreht, damit sie sich das Haus leisten konnten. Der bisher unerfüllte Kinderwunsch »bringt uns an die Grenzen unserer Partnerschaft«, gab er unumwunden zu. Auch Ellen war an einem Punkt angelangt, an dem sie zu zweifeln begann, ob all die Mühen sich lohnten. »Man denkt einfach, das ist alles für die Katz, mach doch komplett mit allem ein Ende.« Dennoch hatte das Paar die Hoffnung bisher nicht aufgegeben. Für Ellen bedeutete eine ausgetragene Schwangerschaft möglicherweise auch die Heilung von einer Krankheit. Das motivierte beide zusätzlich für eine künstliche Befruchtung. Die Chancen für ein Gelingen standen gut, denn bisher hatte Ellen bei jeder Stimulation nur sehr wenige

Eizellen produziert. Diesmal jedoch waren es mehr, wie die Ultraschalluntersuchung gezeigt hatte. Ihre Chancen erhöhten sich damit deutlich.

Das dritte Paar stand bereits kurz vor der Silberhochzeit, als es sich für den Kinderwunsch entschieden hatte. Sandra und Peter, 42 und 43 Jahre alt, hatten meines Erachtens bereits alles im Leben erreicht. Sie schienen beruflich erfolgreich und wohlhabend. Auf ein Kind hatten sie auf Grund einer Erbkrankheit in der Familie des Mannes freiwillig verzichtet, bis ein Gentest vor drei Jahren dieses Risiko ausschloss. Jetzt wollten sie es wagen. »Dieses Kind wird uns ein gewisser Jungbrunnen sein«, meinte Peter, »ein i-Tüpfelchen.« Zu alt fühlten sich nicht. Im Gegenteil, bei Eltern über 40 erhöhe sich statistisch die Chance, »einen Nobelpreisträger zur Welt zu bringen«, meinte er lächelnd. Über ein Jahr blieben alle Versuche erfolglos. Wie bei Anna lag es bei Sandra an einer zu zähen Muttermundschleimhaut. Nach der dritten Insemination endlich wurde eine Schwangerschaft festgestellt. Sie war unsicher gewesen, ob sie diese Insemination überhaupt machen sollte, da sie drei Follikel gebildet hatte und damit die Möglichkeit oder das Risiko einer Mehrlingsschwangerschaft bestand. Zwar hatte Sandra der Gedanke, Drillinge oder Zwillinge zu bekommen, durchaus Angst gemacht. Aber dass sie in ihrem Alter überhaupt noch schwanger wurde, empfand sie als faszinierend. Für Peter war es »der Hit«.

Eine Fehlgeburt hatte ihre Vorfreude abrupt beendet. Acht Wochen später entschlossen sie sich zur ersten IVF. Sandra wollte keine Zeit verlieren, auch wenn sie die Fehlgeburt zwar körperlich, seelisch jedoch noch nicht ganz verarbeitet hatte.

Das fünfte Paar der ZDF-Dokumentation, Elisabeth und Bernd, beide Ärzte, fehlte bei diesem schicksalhaften Zusammentreffen. Nach der dritten künstlichen Befruchtung und einer nicht ganz einfachen Schwangerschaft waren sie inzwischen Eltern geworden. Im achten Monat hatte sich die Plazenta abgelöst. Mit starken Blutungen und kaum noch hörbaren Herztönen des Kindes war Elisabeth in die Klinik gekommen und in einem dramatischen Kampf um das Leben des Kindes schließlich per Kaiserschnitt von ihrem Sohn entbunden worden.

Bernd und Elisabeth hatten es als Erste geschafft von uns. Ich spürte keinen Neid in mir, im Gegenteil, ich freute mich aufrichtig für sie. Wusste ich doch zu gut, wie schwer ihr Elternglück erkämpft war. Wer von uns wird es dieses Mal schaffen?, fragte ich mich, als die Frauen nach und nach aus dem Zimmer in den OP geschoben wurden.

Thomas und ich blieben allein zurück. Das leere Zimmer wirkte plötzlich kalt auf mich. Die Stille nach dem aufgekratzten Lärm war bedrückend. Ich hasste dieses Warten vor dem Transfer, die Ungewissheit, die nun wieder auf uns zukam.

Wenn ich die Enttäuschung nach einem fehlgeschlagenen Versuch überwunden hatte, ging es mir gewöhnlich erst einmal besser. Immerhin wartete mit dem nächsten Transfer eine neue Chance auf uns. Dann kam ein Gefühl von Vorfreude auf. Doch unmittelbar davor kroch wieder die Angst in meine Brust, das Gefühl der Ohnmacht, das Ganze nicht wirklich beeinflussen zu können.

»Ich will sie sehen«, sagte Thomas unvermittelt.

»Wen willst du sehen?« fragte ich unwirsch.

»Na, unsere Babys.«

»Im Reagenzglas?«

»Genau.«

Es war eine gute Idee. Als ich die winzigen »Knöllchen« unter dem Mikroskop sah, wurde mir wohler.

»Bis gleich!«, sagte ich zu ihnen und begab mich ins Behandlungszimmer.

Zwölf Tage später, mitten bei der Arbeit in der Boutique, spürte ich das berüchtigte Ziehen im Unterleib. Wenig später setzte die Blutung ein. Nur mit großer Mühe gelang es mir, die Kunden weiter zu bedienen. Lächeln konnte ich nicht mehr. Als das Geschäft einmal kurz leer war, rief ich Thomas an.

»Es ist wieder vorbei«, sagte ich und durfte endlich meinen Tränen freien Lauf lassen.

Frau Doktor S. bestätigte bei der nächsten Untersuchung meine Befürchtung: »Ich hätte Ihnen gern etwas Positives gesagt«, versuchte sie, mir die Nachricht schonend beizubringen, »aber der Test ist eindeutig negativ.«

Hilflos hob ich meine Hand und ließ sie wieder in den Schoß fallen. »Da kann man nichts machen.«

»Jedes Mal ist es furchtbar«, sagte die Gynäkologin leise. »Aber wir können es nicht ändern.« Ihr mitfühlender Blick tat mir gut.

Anna und Ellen wurden nach jenem Transfer tatsächlich schwanger. Ellen mit Zwillingen, von denen der eine jedoch nach einigen Monaten im Mutterleib starb. Auf Sandra und mich wartete der nächste Transfer, die nächste Achterbahnfahrt zwischen Hoffen und Bangen. An Aufgeben dachte ich nicht. Thomas bestärkte mich darin.

»Erst wenn es mit der vierten oder fünften künstlichen Befruchtung nicht klappt, dann kann ich mich damit befassen, dass wir kinderlos bleiben.« Die neuerliche Enttäuschung schreckte ihn nicht ab. »Ich lass' nichts unversucht, gar nichts!«

KAPITEL 8

Wir machen weiter

Kann es sein, dass man sich selbst an Fehlschläge wie an seinen Schatten zu gewöhnen beginnt und dann umso heftiger vorwärts stürmt, um ihnen vielleicht doch noch zu entkommen?

Am 17. April waren erneut zwei Kryos aufgetaut und mir von Frau Doktor S. eingesetzt worden. Ich war nicht allzu optimistisch gewesen, da sie sich kaum geteilt hatten. Nach zwei Wochen das Ergebnis: keine Einnistung.

Ich überlegte nicht lange und ließ von den verbleibenden sechs Pronukleuszellen zum nächsten Zyklus zwei auftauen, unmittelbar danach zwei weitere, nachdem einer davon degenerierte. Ich hoffte damit, die Chance für sich gut teilende Embryos zu erhöhen. Zwei wurden transferiert. Die Teilung war mäßig gewesen. Wieder hieß es bangend warten. Wieder spürte ich von Anfang an, dass nichts passierte in meinem Körper. Mein Gefühl hatte mich in dieser Hinsicht nie getrogen.

Am Tag des Schwangerschaftstests saß ich vor dem Schreibtisch von Frau Doktor S. und blickte auf die goldglänzenden Ohrringe, die durch ihr blondes Haar schimmerten. Sie war nur unwesentlich älter als ich und eine hübsche Frau.

Ich wusste, was sie gleich sagen würde, und sah ihr gefasst in die Augen.

»Es tut mir Leid. Negativ.« Sie wirkte ein wenig ratlos dabei.

Ich setzte meine Sonnenbrille auf, damit niemand meine Tränen sah, und verließ das Behandlungszimmer. Können Frauen, die problemlos schwanger geworden sind, mich wirklich verstehen?, fragte ich mich.

Als Thomas an jenem Abend nach Hause kam, sah ich ihn kaum an. Die Wohnung war blitzsauber, die Wäsche gebügelt. Sogar die Fenster hatte ich geputzt. Es war die einzige Möglichkeit für mich gewesen, mich abzulenken. Nun saß ich auf dem Sofa und starrte in den Fernseher. Ich musste gar nichts sagen. Thomas wusste Bescheid und verkroch sich an den Computer. Ich ging in die Küche und kochte lustlos Spaghetti mit Tomatensoße. Beim Essen sprachen wir kein Wort. Ich merkte Thomas an, dass auch er bedrückt war. Doch ich war viel zu sehr mit meinem eigenen Kummer beschäftigt, als dass ich ihn darauf hätte ansprechen können. Ein paar Tage zuvor hatten wir von einer Geburtstagsfeier eher nach Hause gehen müssen. Thomas war der Anblick einer hochschwangeren Freundin unserer Gastgeber unerträglich gewesen. Ich hatte weniger Probleme damit, zumindest wenn es für die Frau die Erfüllung eines lang ersehnten Traumes war. Bei dieser Frau hatte es nach der vierten IVF geklappt. Danach hätte sie aufgeben müssen. Stolz war sie mit ihrem Bauch durch die Räume gewandelt und hatte jedem, der es hören wollte oder auch nicht, erzählt, wie glücklich sie und ihr Mann jetzt wären. Thomas hatte sich abgewandt. Ihn erinnerte ihr Glück zu schmerzhaft an den eigenen unerfüllten Kinderwunsch. Ich wusste, wie gern er mir Kinder schenken wollte, wie weh es ihm tat, dass wir es noch immer nicht geschafft hatten. Denn er sah, wie gut ich mit Kindern umgehen konnte, wie sehr sie mir fehlten. In solchen Momenten verließ ihn seine Tapferkeit, sein Panzer aus Optimismus und Gelassenheit.

»Am Wochenende kommen meine Kinder«, sagte Thomas in die immer bedrückender werdende Stille hinein. Es klang wie eine Feststellung, die ihm Halt gab.

Ich antwortete nicht. Es fiel mir schwer, daran zu denken. Wann endlich wird er von *unseren* Kindern sprechen? Wann? Wir drehten uns im Kreis, Monat für Monat das Gleiche. Lag es an der schlechten Qualität der Eizellen? Wir hatten noch zwei eingefroren. Aber ich traute ihnen nicht. Mit einer neuen IVF hätten wir neue, entwicklungsfähigere. Weshalb sollte ich Zeit verlieren mit weiteren Kryo-Transfers, die doch nichts brachten?

»Ich möchte die zweite künstliche Befruchtung machen«, sagte ich leise und legte meine Hand auf seinen Arm, »schon im nächsten Monat.«

Thomas' himmelblaue Augen blickten mich fragend an. »Traust du dir das wirklich zu?« Er wirkte fast erleichtert, dass ich endlich mein Schweigen brach.

Ich nickte. »Ja. Genau so, wie dich noch mal beim Gokartfahren besiegen zu können!« Es hat Thomas damals sehr geärgert, dass er hinter mir nur Dritter geworden war. Seitdem hielt er mir vor, ich hätte ihn nicht vorbeigelassen, was glatt gelogen war. Das ZDF, dem wir die Teilnahme verdankten, hatte alles aufgezeichnet. Er wollte sich nur einfach nicht eingestehen, dass eine Frau, noch dazu *seine* Frau, die von Motorsport nichts verstand, besser gefahren war als er.

Eine Welle von Zärtlichkeit erfasste mich, als ich Thomas erröten sah.

»Komm, ich lass uns Badewasser ein. Ich werde dich heute verwöhnen«, sagte ich und zündete ein paar Kerzen an.

In jener Nacht liebten wir uns zärtlich und sanft, fast vorsichtig. Als wollten wir die dünne Schutzhülle des anderen nicht zerstören.

»Beeil dich, Thomas, ich muss in einer Viertelstunde los!«

Das war leichter gesagt als getan. Denn Thomas' Samen war immer noch nicht im Becher. Da er dieses Mal nicht mitkommen konnte zur Punktion, musste ich das kostbare Gut innerhalb einer Stunde ins Labor gebracht haben. Sonst können die Spermien absterben, und alles wäre umsonst gewesen. Mir tat es selbst Leid, ihn so anzutreiben, da wir uns in Liebesdingen sonst nie stressen ließen, ihnen bei allem Druck immer Lust abgewannen. Doch an jenem Tag war tatsächlich Eile geboten, denn von Dielheim nach Heidelberg brauchte ich gut 25 Minuten mit dem Auto.

»Hoffentlich gibt es keinen Stau!«, sagte ich, während ich mich in Windeseile anzog.

Auch Thomas war endlich fertig. Vorsichtig packte ich den Becher mit dem Samen in meine Tasche. Dann musste ich los.

»Viel Glück, Maus. Das klappt bestimmt«, sagte Thomas und strich sanft über meine Tasche. »Du hast mich ja bei dir!«

Ich atmete tief durch und nickte. »Wenn du das sagst!«

Es war mir nicht ganz geheuer, so ohne Thomas in die Klinik zu gehen. Aber dieses Mal musste er auf eine Schulung nach Stuttgart. Er hatte inzwischen einen Job im Außendienst als Vertreter für Telefonbücher gefunden, was unsere finanziellen Nöte zwar endlich linderte, aber dafür war er nicht mehr so flexibel, was die Termine in der Kinderwunschsprechstunde betraf. Bisher gab es nur sehr wenige Termine, die wir nicht zusammen wahrgenommen hatten. Thomas war derart eingebunden in den Prozess der künstlichen Befruchtung, dass er sich regelrecht zum Experten entwickelt hatte. Wenn es um Blutabnahme oder meinen Zyklus ging, sprach er schon in der Wirform, und in manchen Details wusste er fast besser Bescheid als ich. Auch mit dem Spritzen für diese zweite IVF war er immer geübter geworden. Ich hatte vollstes Vertrauen zu ihm.

Die Phase der Hormonstimulierung vor der Punktion erlebte ich wieder als sehr belastend. Ich hatte zwar weniger Schmerzen, produzierte aber dennoch über 20 Eizellen statt vier bis acht, was normal gewesen wäre. Von Tag zu Tag hatte ich zugesehen, wie mein Körper sich veränderte, ich Kilo um Kilo zunahm, obwohl ich fast nichts aß.

»Wenigstens bekommst du keine schwarzen Haare wie andere Frauen«, versuchte Thomas mich lachend zu trösten, als ich ihm meinen angeschwollenen Bauch zeigte.

»Du musst ja nicht damit rumlaufen!«, fauchte ich ihn daraufhin nur an.

Die Hormone machten mich wieder launisch und reizbar. Wenn ich versuchte, mich zu beherrschen, verschlimmerte das meine Stimmung nur. Jeder Funken an Meinungsverschiedenheit konnte zur Explosion führen. Aber dann war das Gefühl, das mich zu zersprengen drohte, wenigstens raus. Einmal musste ich regelrecht vor mir selbst fliehen, vor meiner eigenen Gewalttätigkeit. Ich weiß nicht mehr, worum es ging, irgendeine Kleinigkeit, die das Pulverfass unserer Angespanntheit zur Explosion brachte. Ein Wort gab das andere, und plötzlich hatte ich meine Hände an Thomas' Gurgel. Es war entsetzlich, als mir bewusst wurde, was ich da tat. Ich wich zurück, rannte ins Schlafzimmer, packte ein paar Sachen zusammen und verschwand aus der Wohnung. Wie betäubt stand ich draußen und wusste erst einmal nicht, wohin mit mir. Dann setzte ich mich ins Auto und fuhr ins nächstbeste Hotel. Es war mir unmöglich, diese Nacht zu Hause zu verbringen, im Bett neben einem Mann, der selbst bei dem größten Streit innerhalb von fünf Minuten einschlafen kann. Dann zog ich mich lieber zurück.

Als ich nach dieser Nacht nach Hause kam, lagen wir uns schnell wieder in den Armen. Im Grunde wusste Thomas ja, dass meine gereizte Stimmung an den Hormonen lag oder an meiner Enttäuschung, wenn es wieder einmal nicht geklappt hatte.

Manchmal brach ich in Tränen aus, ohne zu wissen, warum. Dann kamen alte Sorgen hoch, das Gefühl, zu wenig Liebe erfahren zu haben, und ich verfiel in sinnlose Grübeleien. Warum musste ich das Kind einer Vergewaltigung sein, auch wenn sie in der Ehe passiert war? Womit hatte ich das verdient? Bin ich damit nicht genug gestraft? Wäre es nicht höhere Gerechtigkeit, wenn mir wenigstens mein Kinderwunsch erfüllt würde?

Wenn ich in solche emotionalen Abgründe rutschte, holte Thomas mich meist auf den Boden der Tatsachen zurück. Dann ließ er mich seine Liebe und Wärme doppelt spüren, streichelte und tröstete mich wie ein Kind. Ich konnte nie wirklich tief fallen. Thomas war immer für mich da. Selbst wenn er den Mut verlor, zeigte er es mir nicht. Aber ich merkte, wie sein Unterbewusstsein arbeitete. Manchmal konnte ich nachts nicht schlafen. Dann sah ich ihn boxen und wild um sich schlagen. Wahrscheinlich träumte er von einem Kampf und sah sich selbst im Ring stehen. Es war dann nicht ganz ungefährlich, neben ihm zu liegen. Einmal gab er mir sogar im Schlaf eine Ohrfeige. Es schien, als würde Thomas gegen böse Geister kämpfen, die ihn umlagerten. Vielleicht hatte unser Kinderwunsch ja etwas von einem Kampf gegen das Schicksal, mit dem wir es aufgenommen hatten. Aber dieser Kampf entzweite uns nicht, im Gegenteil, er schweißte uns immer fester zusammen. Wäre dem nicht so gewesen, hätte unsere Ehe das, was noch alles auf uns zukommen sollte, kaum überstanden.

Die zweite IVF war ein weiterer Fehlschlag. Bei der Punktion wurden mir 21 Eizellen entnommen. Davon ließen sich 13 befruchten, 11 wurden konserviert. Beim Embryotransfer, als Thomas in Stuttgart war, hatte ich kein gutes Gefühl gehabt. Die Teilungen waren schlecht gewesen und entsprechend die Aussichten auf eine Schwangerschaft.

Ein geplanter Kryo-Transfer im Juli musste abgebrochen werden. Acht Pronukleuszellen starben während des Auftauens ab. Mitte August wurden die letzten Kryos aufgetaut – ein einziger Embryo, ein Fünfzeller, überlebte und wurde mir übertragen. Keine Einnistung.

Als ich das Ergebnis am Telefon erfuhr, brach ich zusammen. Wieder einmal filmte uns an jenem Tag das Fernsehteam, und es war das erste Mal, dass ich die Anwesenheit der Kameras nicht mehr ertrug. Ich wollte meine Verzweiflung nicht auch noch auf den Bildschirm gebannt sehen. Nur ein Wink von Thomas, der mich in den Armen hielt, genügte, und Susanne Wieseler und ihr Team zogen sich lautlos zurück.

»Wie oft noch?«, sagte ich schluchzend zu Thomas. »Wie oft noch?«

Alles war umsonst gewesen. Ich fragte mich, wie lange ich das emotional noch durchhalten würde. Täglich telefonierte ich mit Birhan, manchmal dreimal am Tag, wenn es mir besonders schlecht ging und meine Ängste mich überwältigten. Sie war immer für mich da. Nie sagte sie, sie habe jetzt keine Zeit. Hin und wieder gingen wir zusammen einkaufen oder Kaffee trinken. Manches von dem, was wir dann besprachen, erfuhr Thomas erst hinterher. Er verstand viel, aber auch nicht alles, vor allem nicht, wenn es um seine Kinder ging. Wie oft musste ich die Tränen zurückhalten, wenn sie bei uns waren, ich ihn mit seinen Kindern auf dem Fußboden spielen sah, das Bild einer Familie vor mir hatte, die nur zum Teil zu mir gehörte, die »Papa«-Rufe schnitten mir ins Herz. Wenn es nur unsere Kinder wären, dachte ich dann und schämte mich im selben Augenblick meiner Gedanken. Was konnten die Kinder dafür! Thomas spürte meine Zerrissenheit und hatte manchmal ein schlechtes Gewissen deswegen, was ich auch wieder nicht wollte. Zum Glück hielten solche Momente nie allzu lange an. Das Ganze spielte sich meist auch nur in meinem Inneren ab. Ich tat mein Bestes, Thomas' Kinder nicht spüren zu lassen, was in mir vorging. Falls wir uns doch einmal vor ihnen stritten, war es mir immer wichtig, dass sie auch mitbekamen, wie wir uns wieder versöhnten.

In solchen Zeiten stand mir Birhan sehr nah. Es tat mir gut, mit einer Freundin zu reden, die in einer ähnlichen Lage war wie ich. Die Chats am Computer waren bei aller Anteilnahme doch anonym. Da saß einem kein Mensch gegenüber, der einen auch einmal streichelte und in den Arm nahm. Birhan verstand mich ohne viele Worte. Denn sie durchlebte ähnliche Höhen und Tiefen wie ich. Auch bei ihr gab es keine Fortschritte. Vorerst wagte sie keine weitere künstliche Befruchtung. Ich hingegen plante bereits die dritte IVF mit Thomas. Frauen aus dem Kinderwunschforum, die nach mehreren künstlichen Befruchtungen doch noch schwanger geworden waren, machten mir Mut.

Bei diesem Versuch hatten wir uns nach langen Diskussionen entschlossen, zum ersten Mal den Transfer von drei Embryonen zu wagen. Mir fiel das nicht leicht, denn das erhöhte sowohl die Gefahr einer Drillingsschwangerschaft als auch die einer Behinderung eines Kindes. Dieses Risiko wollte ich anfangs nicht eingehen. Thomas machte sich weniger Gedanken, was mit Drillingen auf uns zukäme. Ich war unentschlossen. Was es hieß, mit drei Babys schwanger zu sein und später zu leben, konnte ich mir nicht wirklich vorstellen. Da half auch der Aufklärungsprospekt nicht, den wir in der Klinik bekommen hatten.

Wieder produzierte ich über 20 Eizellen, von denen sich 17 befruchten ließen. Die Stimulation war diesmal besonders schmerzhaft gewesen, der Bauch durch das Wasser so angeschwollen, dass mir das Atmen schwer fiel. Manchmal musste ich Schmerzmittel nehmen, um überhaupt schlafen zu können. Sooft wie möglich ging ich ins Solarium. Das gab mir Kraft und beruhigte mich. Endlich blieb mir Zeit und Muße dafür, denn meinen Job in der Boutique hatte ich aufgegeben. Meine Nerven wurden immer dünner. Ich brauchte dringend Ruhe.

War es dank des Verständnisses meiner Chefin anfangs unproblematisch gewesen, die Termine in der Klinik mit meinen Arbeitszeiten in der Boutique zu vereinbaren, wurde es mit der Zeit immer komplizierter, meine zum Teil recht konservativen Kolleginnen zu bitten, den Dienst zu tauschen. Sie kamen mir zwar entgegen, sodass ich meine Termine wahrnehmen konnte, aber ich hatte zunehmend ein schlechtes Gewissen dabei. Für manche war es schwer zu verstehen, wie man »so einen Zirkus machen« könne, um »ein Kind zu bekommen«. Ich fand es letztlich nicht fair ihnen gegenüber. Weshalb sollten sie ihre Zeit nach meinen Wünschen planen? So viel Verständnis konnte ich einfach nicht erwarten.

Ich musste mich entscheiden: Entweder war mir mein Kinderwunsch wichtig oder die Arbeit. Ich entschied mich für den Kinderwunsch, und Thomas akzeptierte meine Entscheidung, denn er spürte, dass es mir immer schlechter ging. Auch wenn er wegen des ausfallenden Verdienstes Bedenken hatte, war es für ihn okay. Ich wollte ja auch nicht ganz aufhören, sondern die Arbeitszeiten freier bestimmen können. Nach einiger Suche fand ich einen Job in einem Büro, das mir flexiblere Arbeitszeiten ermöglichte.

Am Tag des Embryotransfers war das ZDF wieder dabei. Es war Mitte Oktober, und nach ein paar letzten warmen Tagen fegten Herbststürme durch die Straßen von Heidelberg. Hand in Hand gingen Thomas und ich in die Klinik. Ich brauchte seine Nähe an diesem Tag doppelt, denn meine Stimmung war so düster wie der Himmel über uns. Ich wäre am liebsten wieder umgekehrt, obwohl ich wusste, dass das unmöglich war. Ich hatte wenig Hoffnung, denn nach der Befruchtung hatten sich nur Zweizeller entwickelt. Drei sollten mir übertragen werden. Die Chance, dass sie sich einnisteten, war wieder einmal gering. Dennoch musste ich sie mir einsetzen lassen. So schreibt das Gesetz es vor. Alle befruchteten Eizellen, deren Kerne verschmolzen sind und die sich weiterentwickelt haben, müssen verwendet werden. Wer das umgeht, kann mit bis zu drei Jahren Freiheitsentzug bestraft werden.

Thomas, der mein Widerstreben spürte, schob mich durch die Tür. Weitergehen, dachte ich, weitergehen. Immer weiter. Die Hoffnung einfach nicht aufgeben.

KAPITEL 9

Auftritt im Fernsehen

Am 21. November 2001 morgens um acht saßen wir bei *Volle Kanne Susanne* im Frühstücksfernsehen des ZDF. Die kleinen Lampen an der Kamera leuchteten rot. Wir waren auf Sendung. Schlimmer als mit den Kameras, die uns monatelang selbst bei den intimsten Sachen begleitet hatten, konnte es nicht werden, dachte ich. Doch die Liveatmosphäre im Studio, das Gefühl, gleich auf Sendung zu sein, waren aufregender als die Aufnahmen des vorsichtig um uns herum schleichenden ZDF-Teams von Susanne Wieseler, das sich auf den kleinsten Hinweis von uns lautlos zurückzog. Die Stimmung hier war aufgeheizter, auch wenn die Moderatorin Susanne Stichler freundlich und rücksichtsvoll mit uns umging.

Am Abend zuvor waren wir mit dem Auto in Düsseldorf angekommen. Das ZDF hatte uns eine Übernachtung im Holiday Inn spendiert. Satte 300 Euro kostete der Spaß, ohne dass das Hotel etwas Besonderes geboten hätte. Für dieses Geld hatten wir mehr Service erwartet. Immerhin war das Frühstück reichhaltig. Nur dass wir vor Aufregung kaum einen Bissen herunterbrachten. Beinahe wären wir sogar zu spät ins Studio gekommen, da Thomas sich verfahren hatte. Der Schweiß brach uns aus, als die Schilder auf der dreispurigen Straße an uns vorbeirasten, ohne eine Abbiegespur anzuzeigen. Wir sahen uns schon in einsamen Vororten der Stadt herumkurven, während Susanne Stichler allein auf der Couch saß. Thomas hatte dann kurzerhand mitten auf der Straße gewendet und war in vollem Tempo über die Bordsteinkanten des Mittelstreifens auf die Gegenspur gefahren. Ein Wunder, dass die Reifen nicht platzten. Wenn zwei Provinzler schon einmal in die Großstadt kommen!

Im Studiogebäude hätten wir uns beinahe ebenfalls verirrt. Nachdem uns der Pförtner angemeldet hatte, durchquerten wir mehrere Glastüren, es kam uns vor, als führte der Weg in ein geheimes Labor. Ein Mitarbeiter brachte uns in einen Raum, wo wir frisiert wurden. Was die Kleiderordnung betraf, hatten wir uns an die Anweisungen der Redaktion gehalten. »Wegen der Verzerrungserscheinungen auf dem Bildschirm«, hieß es in einem Brief vorab, »tragen Sie bitte nichts Rotes …« – das fiel mir nicht schwer, da ich diese Farbe schon als Kind hasste und selbst Thomas aus diesem Grund tunlichst vermeidet, rote Pullover oder Hemden anzuziehen – »und nichts Weißes, keine karierten oder klein gemusterten Oberteile/Jacketts.« Ich hatte mich für ein gelbes Shirt und eine schwarze Mohairstrickjacke darüber entschieden, Thomas für ein helles Hemd.

Nach einem freundlich-kritischen Blick der Maskenbildnerin wurden mir zunächst riesige Lockenwickler in die Haare gedreht. Ich schaute in den Spiegel und fühlte mich wie Witwe Bolte. Thomas wollte sich gerade über mich lustig machen, als ihm eine andere Dame Make-up auftrug, die Wimpern tuschte und die Lippen rot bemalte. Hilflos blinzelte er mich an. Ich lachte laut auf. So ohne Scheinwerfer sah er aus wie ein Clown, komisch und völlig hilflos. Außerdem gibt es nichts, was Thomas mehr hasst als Cremes. »Die größte Strafe«, sagte er mir einmal, »wäre für mich, wenn ich mich in einer dieser Fernsehsendungen, in denen man sein Ego überwinden muss, in Niveacreme wälzen müsste.« Es ist sein größter Liebesbeweis, wenn er mir am Strand oder nach dem Solarium den Rücken einölt. Mehr Selbstüberwindung kann ich fast nicht von ihm erwarten. Auch bei mir wurde noch ordentlich Farbe aufgetragen. Die Maske war gerade fertig, als Hektik aufkam. Susanne, die Moderatorin, war so weit. Wir mussten auf die Bühne.

Unser Auftritt fand in Susannes »Wohnzimmer« statt. In der »Küche«, die vor uns gezeigt worden war, war der damalige Shootingstar der Musical-Szene Anna Montanaro aufgetreten. Im »Esszimmer« nebenan sollte anschließend in einer »Pretty-Woman-Show« ein junges Paar für eine Party gestylt werden. Wir sahen sie zwar, kamen aber nicht mit ihnen in Kontakt. Als ich die riesigen Kameras erblickte, zuckte ich zusammen. Seit Monaten waren wir das Filmen gewöhnt. Aber was da an Monstern links und rechts auf uns zu- und wieder zurückfuhr, war doch beängstigend. Nur Mut, dachte ich und drückte Thomas' Hand, die ganz kalt geworden war.

»Wenn das Wunschkind auf sich warten lässt« hieß das »Top-Thema« der Sendung, zu dem auch Tewes Wischmann, ein Psychologe aus Heidelberg, der schon Bücher über künstliche Befruchtung und die damit verbundenen psychischen Probleme für Paare veröffentlicht hatte, eingeladen war. Während ich unsere Geschichte erzählte, erläuterte er die medizinischen Details. Ich spürte an Thomas' nervösem Blick, dass es ihm ganz recht war, wenn hauptsächlich ich auf Susanne Stichlers Fragen antwortete.

Nach kaum 20 Minuten atmeten wir auf. Die Vorstellung war vorbei. Selbst Thomas hatte auf die Frage, warum uns der Kinderwunsch so wichtig war, ein paar Sätze hinzugefügt. Alles verlief unspektakulär und ohne Peinlichkeiten. Einmal nur musste ich Thomas' Bein, das Halt an meinem suchte, vorsichtig wegschieben, ohne dass die Kameras es bemerkten.

Nach dem Auftritt fühlte ich mich leer und ein wenig traurig. Wie gern würde ich in einer der nächsten Sendungen sagen können: »Hallo Leute, jetzt bin ich schwanger!«

Doch zum Grübeln blieb keine Zeit, denn in Heidelberg wartete noch am selben Tag der nächste Kryo-Transfer auf uns. Es war der nunmehr sechste mit Thomas. In mir klang noch sein optimistischer Satz gegen Ende der Sendung nach: »Wir gehen zu zweit in die Klinik und werden zu fünft wieder nach Hause gehen.«

Ich war skeptisch. Bereits vor unserer Fahrt nach Düsseldorf hatten wir erfahren, dass man bei dem geplanten Transfer alle noch vorhandenen 14 befruchteten Eizellen hatte auftauen müssen. Bis auf drei waren alle degeneriert und mussten verworfen werden. Ich war schockiert und rief sofort im Labor an.

»Wie konnte das passieren?«

»Wir haben nichts anderes als sonst gemacht«, meinte die zuständige Laborantin. »Das passiert manchmal einfach. Leider.«

Ich hatte es kaum glauben können und mich zu Frau Doktor S. durchstellen lassen.

»Bei schlechten Teilungen erleben wir das häufig«, bestätigte sie.

Doch es kam noch schlimmer. Nach unserer Ankunft in Heidelberg erfuhren wir, dass von den drei in Kultur gegebenen Pronukleuszellen sich wiederum nur zwei entwickelt hatten, und zwar nur in C-Qualität, wie es in der Fachsprache heißt. Die Teilungen bekommen eine Art Schulnote, wobei das Spektrum von A bis D oder 1 bis 6 reicht, je nach Klinik. Wenn ein Embryo der Qualitätsstufe 5 oder C eingesetzt wird, ist die Hoffnung, schwanger zu werden, ziemlich gering. Oft sieht man das schon an schwarzen Punkten, die jene Embryos überziehen. Ich ging mit einem unguten Gefühl in den Behandlungsraum. Das euphorische Gefühl, das mich noch am Morgen im Studio erfüllt hatte, war verflogen.

Zwei Tage nach unserem Auftritt bei *Volle Kanne Susanne* saßen wir um Viertel nach zehn mit Crackern gemütlich auf der Couch vor dem Fernseher und verfolgten die erste der sechs *Wunschkinder*-Folgen im ZDF. Wir hatten allen unseren Bekannten und Freunden Bescheid gegeben, Thomas auch seinem Chef – um unangenehmen Kommentaren seitens der Kollegen vorzubeugen. Als die Titelmelodie erklang, die ich danach noch so oft hören sollte, das schaukelnde Kind und die Windräder im Hintergrund, war ich noch ruhig. Wir kannten ja den Film bereits, wenn auch nur als Stummfilm. Ich hatte eher Angst um Thomas, dem bei der Voraufführung in Mainz, die wir im September gesehen hatten, gar nicht wohl gewesen war.

Als die Einladung vom ZDF eingetroffen war, hatte ich ihn vorsichtig gefragt: »Traust du dir das wirklich zu, da hinzugehen?« Denn kurz zuvor hatten wir unsere Nachbarin, die gerade Mutter geworden war, im Krankenhaus besucht. Man hatte ihm angesehen, wie schwer ihm der Besuch fiel, obwohl er sich für sie freute. »Bei der Voraufführung werden die beiden Schwangeren da sein, die glücklich ihre Bäuche vor sich her tragen. Und Bernd und Elisabeth kommen womöglich mit ihrem Baby. Willst du dir das wirklich zumuten?«

Aber Thomas wollte unbedingt nach Mainz. »Das macht mir doch nichts aus«, meinte er wie immer etwas forsch, wenn es um seine Gefühle ging.

Ich war gespannt, was uns erwartete, und gleichzeitig unentschlossen. Auf der Fahrt ins Studio blickte ich aus dem Fenster. Es war ein milder Spätsommertag. Die Felder entlang der Straße waren abgeerntet, und die Bäume färbten sich rot. Warum tue ich mir das eigentlich an?, fragte ich mich. Sandra und Peter, deren Kinderwunsch bisher ebenfalls unerfüllt geblieben war, kamen auch nicht. Sicher tut es ihnen zu weh, das Glück der anderen zu sehen. Wird es nicht auch dir zu schaffen machen? Andererseits sieht man sich nicht alle Tage im Fernsehen. Als hätte Thomas meine Gedanken geahnt, legte er die rechte Hand auf meinen Oberschenkel und sagte: »Bist du nicht auch neugierig?«

»Klar«, sagte ich und lehnte mich zurück. Aber ein unbestimmtes Gefühl von Angst blieb.

Der Film wurde auf einer großen Leinwand gezeigt. Es war ein Rohschnitt. Susanne Wieseler las den Text dazu vor. Der letzte Teil sollte noch mit der Geburt des Kindes von Anna und Jürgen enden, die voraussichtlich Anfang Dezember sein würde. In nahezu drei Stunden verfolgten wir anderthalb Jahre unseres Lebens. Vieles hatten wir schon vergessen, manches sahen wir mit anderen Augen. Ich staunte selbst, wie ruhig ich bei der Vorführung war. Ich hatte sämtliche Gefühle einfach weggeschoben. Ich sah eine Schauspielerin auf der Leinwand agieren, die eine Frau spielte, die nicht schwanger wurde, deren Tränen mich wie bei einer Fremden rührten. Die arme Frau, dachte ich. Ein Blick auf Thomas am Ende des

Films brachte mich in die Realität zurück. Seine Züge waren wie versteinert, seine Augen schimmerten glasig. Ich nahm seine Hand und streichelte ihn.

»Alles in Ordnung?«

»Lass uns schnell gehen, wenn das hier vorbei ist«, flüsterte er.

Jetzt, auf der Couch in Dielheim, als wir zum ersten Mal auch unsere Stimmen und die des Kommentators hörten, schnürte es mir plötzlich die Brust zu. Die Tränen, die ich in Mainz verdrängt hatte, brachen sich hemmungslos Bahn. Wie viele Hoffnungen waren seit jenen ersten Inseminationen zerstoben! Drei künstliche Befruchtungen hatte das ZDF begleitet und jedes Mal aufs Neue unsere Enttäuschung gefilmt. Diese Vergeblichkeit auch noch vorgeführt zu bekommen, schmerzte doppelt.

Thomas nahm mich in den Arm. »Wir tun ein gutes Werk damit. Endlich wird öffentlich darüber geredet, was über eine Million Menschen hier in Deutschland betrifft«, sagte er.

Am Tag nach der Ausstrahlung der ersten Sendung wurden wir beim Einkauf im Supermarkt bereits neugierig gemustert. Mir war das unangenehm, vor allem, wenn einige Frauen bloß anfingen zu tuscheln statt uns eine Frage zu stellen. Manche kamen aber auch auf uns zu und sagten: »Toll, wie ihr das macht!« oder »Endlich spricht einer mal darüber. Man weiß ja viel zu wenig davon.«

Die Kassiererin erzählte uns, dass sie es auch schon längere Zeit in Heidelberg probierte. Eine andere junge Frau zeigte lächelnd auf ihren Wagen, den sie vor sich her schob, und sagte: »Macht weiter. Hier das ist ein ICSI-Kind.« Wahrscheinlich hätte sie sich nie getraut, das einer Fremden so unverblümt zu sagen, wenn sie uns nicht im Fernsehen erlebt hätte. Wir waren plötzlich bekannt, und das war schon ein ungewohntes Gefühl. Aber wir wurden auch angreifbarer.

Am Abend bekamen wir einen Anruf von Thomas' Exfrau. Vorwurfsvoll erzählte sie uns, dass ihre Kinder sehr unter den Folgen der ausgestrahlten Dokumentation litten. Sie hatten die Sendung zwar selbst nicht gesehen, aber einige Klassenkameraden, die sie nun hänselten, ob Thomas überhaupt ihr Vater wäre, wenn er doch gar keine Kinder machen könne. Sie meinten damit Thomas' angebliche Unfruchtbarkeit, die der erste Spermatest ergeben hatte, über den in jener Sendung gesprochen worden war. Damit hatten wir nicht gerechnet. Das Thema war nicht neu für Thomas' Kinder. Ihr Vater hatte ihnen auf ihre Frage hin eines Abends beim Ins-Bett-Bringen von unserem Kinderwunsch erzählt und ihnen erklärt, dass es nicht so einfach wäre damit und ich mit Hilfe einer Ärztin versuchte, schwanger zu werden. Seine Kinder hatten sich gefreut, vielleicht ein Geschwisterchen zu bekommen. Thomas' Tochter wollte am liebsten eine Schwester, sein Sohn einen Bruder.

»Lass doch die Kinder die nächste Folge sehen«, schlug Thomas seiner Exfrau vor. »Dann erfahren sie, dass der Test fehlerhaft war.«

»Das möchte ich nicht«, lehnte sie ab.

Unsere Versuche, sie zu überzeugen, blieben erfolglos. Wir bedauerten das sehr. Vielleicht hätten Thomas' Kinder danach manches besser verstanden, wenn sie an den Wochenenden bei uns waren und es mir nicht so gut ging. Und dann wäre es ihnen leichter gefallen, auf die Hänseleien ihrer Mitschüler angemessen zu reagieren.

Das Karussell der Enttäuschung drehte sich auch nach dem sechsten Kryo-Transfer weiter. Die Vorfreude löste sich mit der nächsten Blutung erneut in nichts auf. Meine Schleimhaut stieß einfach gnadenlos alles ab. Sollte das Ende von *Wunschkinder* auch das Ende unserer Träume sein? Diesen Gedanken verscheuchte ich lieber.

Aber was hatten wir dieses Mal falsch gemacht? Oder war allein diese Frage schon unsinnig? Thomas war der festen Überzeugung, dass alles Grübeln sinnlos sei. »Blick nach vorn«, sagte Thomas immer. Doch nach jedem misslungenen Versuch neigte ich dazu, mich im Internet, mit Büchern oder Gesprächen verrückt zu machen, nach dem großen Warum zu forschen. Ich verschanzte mich dann stundenlang vor dem Computer oder hinters Telefon und war nicht ansprechbar für Thomas. Dann wieder überfiel ich ihn mit meinen Vermutungen. Nachdem alle Kryos der dritten künstlichen Befruchtung aufgebraucht waren, grübelte ich besonders heftig.

Waren die letzten Wochen zu aufregend gewesen, um einen Transfer zu wagen?, fragte ich. War es richtig, mit unserem Problem an die Öffentlichkeit zu gehen? Gaben wir damit nicht zu viel von uns preis und erhöhten dadurch zugleich den Erfolgsdruck für uns? Aber musste man nicht mit anderen darüber sprechen?

Wir hatten seit September einige Termine und Reisen für die Publicity der Serie hinter uns. Mitte November, kurz vor dem Sendetermin der ersten Folge von *Wunschkinder*, waren wir als einziges Paar nach Berlin zur Pressekonferenz eingeladen worden. Wahrscheinlich weil wir in allen Folgen präsent waren und man uns die meiste Drehzeit gewidmet hatte.

»So schnell und einfach kommen wir nie wieder in die Hauptstadt«, hatte Thomas gemeint, dem die Aussicht, auf

ZDF-Kosten durch Deutschland zu reisen und Zeitungen Interviews zu geben, Spaß machte. »Vielleicht werden wir ja noch berühmt? Oder man entdeckt uns für den Film?«

»Ohne mich!«, hatte ich gesagt. Mir war die Vorstellung, vor lauter Journalisten zu sitzen und befragt zu werden, weniger angenehm gewesen. Allein die Möglichkeit, nach Berlin zu kommen, das ich bisher nur aus dem Fernsehen kannte, war verlockend. Thomas hatte Anfang der neunziger Jahre die Stadt zweimal besucht, allerdings nur den Westteil. Als die Mauer noch stand, hatte er es abgelehnt: »Ich fahre doch nicht durch die von den Sowjets besetzte Zone, in der die Menschen wie Zuchthäusler eingesperrt sind.«

Nun, da die Mauer gefallen war, spazierten wir auf dem Weg zum Hotel die Friedrichstraße entlang und überquerten die Allee Unter den Linden, an deren Ende das Brandenburger Tor den Blick in den Westen freigab.

Das Hotel, in dem wir eine Nacht verbrachten, war eines der zu DDR-Zeiten gebauten Nobelresidenzen für Staatsgäste. Angeblich sollen dort auf Regierungskosten Prostituierte gearbeitet haben, wie man uns erzählte. Nach wie vor übernachtete hier Prominenz. Vor dem Eingang standen große, schwarze Limousinen mit Diplomatenkennzeichen und Blaulicht obendrauf. In der Lounge liefen Bodyguards gewichtig auf und ab. Das Foyer war atemberaubend hoch. Wie in einem Atrium konnte man mehrere Stockwerke entlang bis zur kuppelförmigen Decke aus buntem Glas hinaufblicken.

Auch die Zimmer waren nobel. »Nicht schlecht«, sagte Thomas und blies die Backen auf. »Dieses Bett sollten wir eine ganze Woche lang nicht verlassen. Wer weiß, vielleicht geschieht dann ja ein Wunder!«

»He, wir müssen los!«, wehrte ich seine Umarmung ab. »Oder willst du den Journalisten als Erstes erzählen: Tut uns Leid, dass wir zu spät kommen, aber wir kamen leider nicht aus dem Bett!?«

Die Journalistenrunde im ZDF-Studio war viel kleiner, als wir erwartet hatten. Ich sah Thomas an, dass er enttäuscht war. Nachdem wir am Eingang eine Sicherheitskontrolle über uns ergehen lassen mussten wie am Flughafen – der 11. September lag erst zwei Monate zurück –, waren wir auf mehr Trubel gefasst gewesen. Was natürlich Unsinn war. Immerhin hatte es sich die Frankfurter Allgemeine Zeitung nicht nehmen lassen zu kommen, ebenso wie ein paar Berliner und einige andere regionale Zeitungen. Heiner Gatzemeier stellte das Projekt vor. Dann wurden Filmausschnitte gezeigt, und anschließend durften die Journalisten Fragen stellen, die alle erstaunlich sachlich waren. Meine Befürchtung, man könnte uns zu nahe treten, erwies sich als grundlos. Nach 45 Minuten war alles vorbei, und wir gingen noch gemeinsam mit Susanne Wieseler, Heiner Gatzemeier und Tewes Wischmann essen, rustikal und gutbürgerlich, wie wir es mögen. Von Berlin haben wir nicht viel mehr gesehen als den Weg zwischen Studio und Hotel, denn schon am nächsten Morgen saßen wir um sieben wieder im Flieger, weil Thomas einen Schulungstermin in Stuttgart hatte.

Nach der Ausstrahlung von *Wunschkinder* und *Volle Kanne Susanne* kamen die Boulevardpresse und Talkshows auf uns zu. »Ungewollt kinderlos – Paare zwischen Hoffen und Bangen« titelte die Wochenzeitschrift *Lisa*, »Wunschkinder – künstliche Befruchtung – komplizierter als viele denken« überschrieb die *Neue Woche* den Artikel über Anna und Jürgen, Elisabeth und Bernd und uns in ihrer Weihnachtsausgabe. Selbst für den *Spiegel* interviewte man uns. Kurz vor Ausstrahlung der Dokumentation erschien eine positive Besprechung mit der Überschrift »Einblick ins Intimste – Hoffen, Bangen, Quälerei«. Leider stimmte fast keine der angegebenen Zahlen, die uns betrafen, und in etwas flapsigem Ton als »Möchtegern-Eltern« bezeichnet zu werden, fanden wir unangemessen. Immerhin sorgte der Artikel für weitere Aufmerksamkeit gegenüber dem Thema Kinderwunsch, und das freute uns.

Aber der Rummel wurde mir langsam zu viel, und wir sagten weitere Termine mit Zeitungen, Radiosendern und dem Fernsehen ab. Selbst zu Auftritten in den Talkshows von Johannes B. Kerner und Jürgen Fliege konnte ich mich nicht mehr bewegen lassen, obwohl das für eine noch breitere Aufmerksamkeit sicher gut gewesen wäre. Sosehr wir uns freuten, dass die ungewollte Kinderlosigkeit endlich aus einer Tabuzone, die viele Menschen sehr einsam mit ihrem Problem gemacht hatte, gerückt wurde, so wenig wollte ich zur tragischen Galionsfigur werden. Es tat weh und war jedes Mal anstrengend, über meine Gefühle zu sprechen, alles aufzuwühlen, was ich eigentlich kaum verkraftete. Es wäre wahrscheinlich anders gewesen, hätte sich unser Kinderwunsch in jener Zeit erfüllt. Dann hätten wir ein Happyend erlebt, das alle düsteren Tunnel, durch die wir gegangen waren, im Nachhinein erleuchtete hätte. Aber bis dahin war es noch ein langer, ein sehr langer Weg.

KAPITEL 10

»Klasse, wie ihr das macht«

Der einzige Trost nach dem neuerlichen Fehlschlag war für mich, dass wir dank der Medienaufmerksamkeit uns nicht mehr wie Aliens fühlten, die das Unmögliche versuchten. Dennoch fiel es mir bereits nach der zweiten Folge von *Wunschkinder* schwer zuzuschauen. Vor allem als es um meine erste Schwangerschaft ging, kamen alle Gefühle von damals wieder hoch, und ich musste den Raum verlassen. Bei den letzten zwei Sendungen haben wir gar nicht mehr eingeschaltet. Es tat einfach zu weh. Mein Trost war in jener Zeit das Mitgefühl, das uns seit der Ausstrahlung der Dokumentation entgegenschlug. Plötzlich drückten uns wildfremde Menschen in ganz Deutschland und selbst in Österreich die Daumen. Manche neue Freundschaften ergaben sich daraus, wie die mit Anja aus Ludwigsburg, die Mitte dreißig war und seit ihrem 15. Lebensjahr mit ihrem Mann zusammenlebte. Auch sie versuchte, seit vielen Jahren schwanger zu werden und hatte bereits mehrere Fehlgeburten hinter sich. Nachdem sie *Wunschkinder* gesehen hatte, fasste sie sich ein Herz und rief uns an. Thomas war am Telefon, und sie redeten auf Anhieb eine Stunde lang miteinander und tauschten ihre Erfahrungen aus, was wir bereits getan hatten oder noch unternehmen könnten. Zwischen uns Frauen entwickelte sich in der Folgezeit, was unsere Gefühle und Gedanken betraf, eine fast telepathische Beziehung, als wären wir Zwillinge.

Selbst Frauen, die keine Kinder wollten, fieberten mit uns mit. Andere, die es irgendwann geschafft hatten, schickten Fotos von sich und ihren Kindern. Wie das Paar aus Bregenz in Österreich. »Wir haben zwar nicht dasselbe wie ihr erlebt. Aber trotzdem haben wir geweint, wenn es euch schlecht ergangen ist«, schrieben die beiden uns voll Anteilnahme. Sie waren nicht die Einzigen. Kein Einkauf im Supermarkt, ohne dass wir angesprochen wurden. Und wenn es nur ein kurzes Hallo war oder ein Zuruf wie »Macht weiter« oder ein freundliches Lächeln, das uns signalisierte: Wir denken an euch. Gebt nicht auf!

Unser Vermieter, ein außergewöhnlich netter Mensch, der sich bei uns sogar einmal entschuldigte, als er die Miete erhöhen musste, sprach uns bei der Jahresabrechnung an: »Ich habe euch im Fernsehen gesehen. Klasse, wie ihr das macht.« Er und seine Frau, beide in den Fünfzigern, waren kinderlos, erzählte er uns. Damals, als seine Frau jahrelang versucht hatte, schwanger zu werden, hätten sie gern die Möglichkeiten gehabt, wie sie uns heute zur Verfügung stünden. Er wünschte uns viel Glück und sagte uns zu, dass wir jederzeit problemlos ausziehen könnten, falls wir wegen der Kinder eine größere Wohnung suchen sollten. Er setze uns keine Kündigungsfrist.

Wenn wir nur erst so weit wären, dachte ich. Vorerst reichte uns die Dreizimmerwohnung. Sie war wunderbar gelegen, am Rande von Dielheim, mit Obstwiesen im Blick und netten Nachbarn.

Fast täglich bekamen wir Anrufe und Post. Manche suchten einen Erfahrungsaustausch, andere gaben Ratschläge oder erhofften sie von uns. Einigen hatte die Serie Mut gemacht, sich ebenfalls einer IVF zu unterziehen. Sie hatten danach eine bessere Vorstellung von den Eingriffen bekommen und weniger Angst davor. Manchmal kam ich mir vor wie eine reproduktionsmedizinische Hotline. Unsere jahrelangen Bemühungen und die Offenheit, mit der wir in den Medien darüber sprachen, hatten vielen Betroffenen das Gefühl vermittelt, sie könnten zu uns mehr Vertrauen haben als zu den Ärzten. Hier hörte ihnen jemand zu, der verstand, wovon sie sprachen, der sie nicht wie am Fließband abfertigte, wie es in manchen Kinderwunschkliniken gang und gäbe ist. Ein wesentliches Thema dabei waren die seelischen Begleiterscheinungen des unerfüllten Kinderwunsches, für die ein Gynäkologe verständlicherweise selten ein offenes Ohr hat. Wir wurden gefragt, wie wir den Druck aushielten, wie wir es schafften, dass unsere Ehe darüber nicht zerbrach. Viele haben Scheu vor einer psychologischen Praxis, weil sie sich ja nicht »verrückt« fühlen, und waren deshalb froh, mit uns über ihre Probleme sprechen zu können.

Es war eine ebenso schöne wie seltsame Erfahrung, mit so vielen Menschen plötzlich in Verbindung zu stehen. Manche meinten allerdings auch, sich in unser Leben einmischen zu müssen. Zum Beispiel, was unsere Katzen betraf. In einer der Sendungen hatte ich erwähnt, dass wir die Katzen abgeben würden, falls wir Kinder bekämen. Daraufhin erhielten wir eine Flut von E-Mails, wie wir denn so grausam sein könnten. »Wer Kinder mag, kann doch keine Katzen weggeben!«, schrieb uns eine Frau, woraus wir den indirekten Vorwurf lasen: Wer so mit Katzen umgeht, liebt eigentlich keine Kinder. Mich machte das wütend. Wie können Tiere jemals wichtiger sein als Kinder? Ich hatte einmal erlebt, wie mein Neffe bei einem Besuch wegen der Katzen in Sekundenschnelle einen lebensgefährlichen Asthmaanfall erlitt. Meine Schwester hatte von der Allergie ihres Kindes bis dahin nichts gewusst. Um so etwas auszuschließen, musste man vorsichtig sein und das Problem im Blick haben.

Irgendwann meldete sich ein Mann, der uns weismachen wollte, unsere Unfruchtbarkeit läge an den elektrischen Geräten in unserer Wohnung und dem Smog, den sie ausstrahlten. Auch ein angeblicher Wunderheiler rief an und lud uns zu einem Wochenendseminar ein, um unsere positive Energie zu reaktivieren. Für uns wäre es selbstverständlich kostenlos. Wir müssten nur das Hotel und das Essen bezahlen. Umgehend schickte er uns eine Preisliste für die Übernachtung und legte eine Speisekarte bei. Als wir die horrenden Preise sahen, stutzten wir und informierten uns über diese Art Heilpraktiken im Internet. Ich war nicht ganz abgeneigt, auch diesen Weg auszuprobieren. Mittlerweile griff ich nach jedem Strohhalm, der sich bot.

Thomas war da skeptischer. »Das ist ein Scharlatan. Der will doch nur Geld machen mit der Hoffnung und der Angst der Leute.«

Da ich nichts Konkretes über den Heiler wusste und mir das Seminar und sein mehrmaliges Nachhaken am Telefon eher suspekt erschienen, ließ ich es sein.

Solche unangenehmen Geschichten waren aber Ausnahmen. Die Mehrzahl der Zuschauer, die uns schrieben, bestärkten uns darin, nicht aufzugeben. Ein Brief berührte uns besonders.

»Liebe Familie Schork«, mailte uns Saskia B. am 29. Dezember 2001. »Auch wir waren ein Paar, das jahrelang ungewollt ohne Kinder war.« Die E-Mail kam auf den Tag genau ein Jahr nach meiner ersten Fehlgeburt. Schon den ganzen Tag hatte ich einen Kloß im Hals. Morgens wäre ich am liebsten im Bett liegen geblieben. Selbst Putzen, was mich sonst immer ablenkte, war mir an jenem Tag zu viel. Ich spürte eine solche Trauer in mir, dass alles um mich herum in düsteres Licht gehüllt war. Thomas verstand nicht, weshalb mich das immer noch so mitnahm, und das machte mein Herz noch schwerer.

»Blick nach vorn«, sagte er. »Das ist doch längst Vergangenheit.« Aber das war es nicht, solange ich keine eigenen Kinder hatte. Ich hatte bereits etwas Lebendiges in mir getragen, das dann nicht leben durfte. Ich hatte es schon gespürt in mir, zum ersten Mal. Das steckt eine Frau nicht so einfach weg. Der einzige Trost für mich war, zu wissen, dass ich prinzipiell schwanger werden konnte.

Saskia B. hatte diesen Trost einst nicht. »Jahrelang haben wir bei Frauenärzten herumgesessen, Jahrelang Hormone gespritzt, aber nie hat es geklappt«, schrieb sie. »Für uns war es schwierig zu verstehen, weil weder bei meinem Mann noch bei mir etwas Außergewöhnliches festzustellen war. Es wird schon werden, wurde uns immer nur gesagt. Dann wandten wir uns irgendwann in die Uniklinik Heidelberg.

Im April 1996 begannen wir mit der Behandlung, aber dieses Mal unter weniger Zeitdruck. Wir erzählten es niemandem. Das war schwer, aber dadurch hatten wir auch viel weniger Druck von außen. Und die dortige Ärztin ging alles auch ganz ruhig an. Natürlich hatte ich auch wieder Angst, aber sie war nicht mehr so groß wie früher. Im Gegenteil, ich hatte immer das Gefühl, irgendwann werde ich schon schwanger. Nach der ersten Insemination, ohne Erfolg, kam eine IVF, auch wieder nichts. Dann machten wir eine längere Pause. Als ich danach unbedingt wieder mit der Behandlung beginnen wollte – Weihnachten 1997, war meine behandelnde Ärztin ausgerechnet im Urlaub und sollte erst Anfang Januar wieder in der Praxis sein. Ich wollte aber unbedingt beginnen – und tat es auch. Medikamente hatte ich noch zu Hause. Wir spritzten genau die Menge an Hormonen wie in den Monaten zuvor. Im neuen Jahr dann gingen wir gleich in die Praxis und setzten die Behandlung unter ärztlicher Beobachtung fort. Nach der Punktion wurden mir zwei befruchtete Eizellen, ein Achtzeller und ein Vierzeller, eingesetzt, von insgesamt nur fünf Eizellen, die ich produziert hatte. Am 5. Februar erfuhren wir: Ich bin schwanger. Im Oktober 1998 kam unsere Tochter Lisa-Marie auf die Welt. Nach 15 Jahren Kinderwunsch.«

Dieser Brief machte mir mehr Mut als vieles andere. Nach »15 Jahren«! Wie viel Geduld und eiserner Willen dazu gehört hatten, wie viel Sehnsucht und Liebe, dachte ich. Auch mein Kinderwunsch war bisher knapp 13 Jahre unerfüllt geblieben. Gab es also Hoffnung? Woran sollte man glauben? Woher immer wieder aufs Neue die Kraft nehmen weiterzumachen?

Als Susanne Stichler mich in *Volle Kanne Susanne* gefragt hatte: »Warum machen Sie das mit, Frau Schork?«, hatte ich geantwortet: »Weil ein Kind für uns einer der größten Liebesbeweise ist, deshalb.«

»Kinder gehören zu einer Familie«, hatte Thomas ergänzt.

Und wenn wir keine Kinder bekommen?, fragte ich mich manchmal. Ich war mir nicht sicher, ob ich dann die Kraft hätte, unsere Ehe aufrechtzuerhalten. Nicht, weil ich keine Liebe mehr für Thomas empfände, sondern weil mir meine Kinderlosigkeit einfach zu wehgetan hätte, meine Seele diese Belastung nicht hätte verarbeiten können und ich das Thomas nicht zumuten wollte, da er wahrscheinlich niemals aufgeben würde. Manchmal spürte ich ein wenig Thomas' Angst, er könnte, wenn es nicht klappt, verlassen werden. Das waren aber nur kurze Momente. Denn es war stets Thomas, der die Hoffnung nicht aufgab, der fest daran glaubte, dass wir eines Tages eigene Kinder haben würden. Einfach aus dem Vertrauen heraus, dass er ja schon einmal mit seiner ersten Frau Kinder bekommen hatte. Allerdings vermisste Thomas bei seinen beiden Kindern eine lange Phase ihrer Entwicklung, da sie noch sehr klein waren bei der Scheidung. Das konnten die Wochenendbesuche und die gemeinsamen Urlaube nicht ausgleichen. Oft war er traurig darüber, und vielleicht gab ihm auch das die Kraft für unseren Kinderwunsch. Er wollte unser Kind in erster Linie für mich, wie ein Geschenk oder eben einen Beweis seiner Liebe zu mir.

Insofern war er es immer, der mich in Phasen der Hoffnungslosigkeit wieder aufbaute. Ich glaube, erst wenn wir eines Tages den Kinderwunsch definitiv aufgegeben hätten, erst dann hätte er sich wirklich Sorgen über unsere Beziehung gemacht. Vielleicht hätten wir uns dann stärker beruflich orientiert oder die Welt bereist, wer weiß? Oder wir hätten uns um Pflegekinder gekümmert.

Bereits im Sommer hatte ich mich um ein Pflegekind bemüht. Ich hätte mir durchaus vorstellen können, für Kinder aus sozial schwachen oder überforderten Familien eine Zeit lang zu sorgen. Thomas war bei diesen Plänen eher zurückhaltend. Er fürchtete, den Anforderungen nicht gewachsen zu sein, da es nicht seine eigenen Kinder waren. Diese Pflegschaft wurde nie konkret, denn als Anfragen kamen, war ich gerade in einer Behandlung und hatte weder Zeit, denn wir hatten ja kaum einen Monat ausgesetzt, noch Nerven für so eine emotionale Herausforderung.

Eine Adoption kam für uns gar nicht in Frage. Entweder ein eigenes Kind oder kein Kind, sagten wir uns. Wir hatten Angst vor den Problemen, die bei einem adoptierten Kind lebenslang auf uns zukommen könnten. Wer weiß, welche genetischen Veranlagungen es in sich trug oder was es in seinen ersten Monaten oder Jahren schon hatte durchmachen müssen? Da wir nicht mehr so jung waren, hätten wir keinen Säugling mehr bekommen. Und ein Kind aus dem Ausland zu holen, wäre zu teuer für uns gewesen: Der ganze Vorgang kostet zwischen 12 000 und 25 000 Euro, je nach Land und Komplexität des Einzelfalles. Außerdem wäre das Baby im ersten Jahr von unserer gesetzlichen Krankenkasse, soweit ich weiß, nicht versichert worden. Letztlich dachten wir nicht wirklich darüber nach, denn wir hatten vor allem nur einen Wunsch – ein eigenes Kind.

KAPITEL 11

Wieder Hoffnung und ein Unfall

Vielleicht ist es für dich ein kleiner Trost. Ich hatte fünf Inseminationen, vier IVF, dreimal einen Kryo-Transfer und bin dann bei der fünften IVF schwanger geworden«, las ich eines Morgens im Kinderwunschforum. Seit Tagen hing ich am Bildschirm und versank in den Untiefen des Chatrooms. So viele Fragen, so viele Geschichten von Verzweiflung und Hoffnung und immer wieder auch Glück. Ich wurde süchtig nach diesem Austausch mit anderen Frauen, die mir manchmal mein eigenes Schicksal vor Augen führten, aber auch weitere Möglichkeiten aufzeigten, die wir noch nicht in Betracht gezogen hatten. »Unmittelbar davor habe ich die Praxis gewechselt, Akupunktur gemacht, mich immunisieren lassen und bin in psychotherapeutische Behandlung gegangen«, las ich weiter. »Außerdem hatten wir einen Adoptionsantrag gestellt und waren als Bewerber angenommen worden. Was immer den Ausschlag gegeben hat: Es hat geklappt.«

Auf einer der Websites hatte ich gelesen, dass die Chance, schwanger zu werden nach einer künstlichen Befruchtung bei 20 bis 25 Prozent liegt. Jeder vierte bis fünfte Embryonentransfer führt demnach zu einer Schwangerschaft. Nach der vierten IVF steigt die Erfolgsaussicht auf 50 bis 60 Prozent, das bedeutet, jede zweite Frau wird auf diesem Weg schwanger. Was allerdings noch nicht heißt, dass sie das

Baby auch austrägt. Aber immerhin. Mit Thomas hatte ich bereits sechs Kryo-Transfers nach drei IVFs hinter mir. Eine vierte künstliche Befruchtung hatten wir für den Februar 2002 geplant. Sollte ich zuvor die Praxis wechseln, Akupunktur machen oder wir beide uns gar einer psychotherapeutischen Behandlung unterziehen? Würde das unsere Chancen erhöhen?

Über einen Praxiswechsel hatten wir tatsächlich schon nachgedacht. Doch erst, wenn die nächste IVF wieder nicht fruchten sollte, wollten wir uns eingehender mit einem Wechsel beschäftigen. Zwei weitere Anträge an die Krankenkasse waren gestellt. Auch eine Behandlung mit Akupunktur verschob ich vorläufig. Der Gedanke an spitze, kleine Nadeln in meinem Körper behagte mir nicht sonderlich, und wenn man Angst davor hat, sollte man es lieber lassen, hatte ich gelesen. Eine gemeinsame Psychotherapie war weder mir noch Thomas geheuer.

»Das brauchen wir nicht«, meinte er, als ich ihn fragte, was er davon hielte. »Uns geht es doch gut miteinander. Wer weiß, was die uns da einreden wollen.« Trotz aller Belastungen hatten wir in unserer Beziehung keine Probleme. Dass mein Körper Thomas unbewusst ablehnen sollte, erschien uns sehr unwahrscheinlich. Selbst die Überlegung, meine Sperma-Allergie könne damit zu tun haben, dass ich das Kind einer Vergewaltigung bin, war doch sehr spekulativ. Ich konnte mir nicht vorstellen, wie eine Therapie das heilen00000 sollte. Vor allem, was hatte das mit Thomas zu tun?

Bliebe also noch die so genannte Immunisierung, auf die ich immer wieder beim Stöbern im Kinderwunschforum gestoßen war. Gerade nach dem sechsten oder siebten Embryonentransfer waren viele der Frauen mit Hilfe der Immunisierung schwanger geworden. Was aber bedeutete das genau? Unter »Häufige Fragen« fand ich auf der Website *www.wunschkinder.net* eine Erklärung:

> *Eine Schwangerschaft besteht zu 50 Prozent aus körperfremdem Gewebe. Daher ist es eigentlich natürlich, dass das Immunsystem auf die Schwangerschaft entsprechend reagiert und diese abstößt. Die Natur hat dagegen Mechanismen entwickelt, welche eine solche Abstoßung verhindern. Bei manchen Frauen sind diese Mechanismen jedoch nicht ausreichend ausgeprägt. Es kommt dann zu wiederholten Fehlgeburten oder zu Problemen bei der Einnistung (z.B. auch im Rahmen einer Reagenzglasbefruchtung). Man nimmt an, dass es bei solchen Frauen durchaus zu einer Einnistung kommt, die Frucht jedoch sehr früh wieder abgestoßen wird, so früh, dass der Schwangerschaftstest erst gar nicht positiv wird. Es gibt spezielle Untersuchungen, die diese Problematik erklären können. Sollte sich herausstellen, dass immunologische Gründe vorliegen können, weshalb eine Einnistung nicht oder nur sehr kurz stattfindet, dann ist eine entsprechende Therapie möglich. Die Immunisierung ist eine davon, dabei werden weiße Blutkörperchen des Partners unter die Haut der Frau gespritzt. Dies bewirkt eine Veränderung am Immunsystem (insbesondere die Ausbildung so genannter »schützender Antikörper«), die eine Einnistung begünstigen können. Diese Methode ist umstritten und wissenschaftlich nur unzureichend abgesichert, was nicht heißen soll, dass sie nicht erfolgreich sein kann.*

Nach einer Studie aus den Jahren 1996-1998, veröffentlicht in der Zeitschrift *Gynäkologie und Geburtshilfe*, erhöhte eine Immunisierung die Schwangerschaftsrate im ersten Halbjahr um zehn Prozent. Das klang viel versprechend und war auf jeden Fall einen Versuch wert. Auch Doktor Breitbach, dem ich daraufhin geschrieben hatte, fand eine »immunologische Aufklärung durchaus angezeigt«.

»Und was ist, wenn ich keine Antikörper habe? Kann ich dann meinen Kinderwunsch abschreiben?«, hakte ich nach.

»Nein, das ist definitiv nicht der Fall«, beruhigte er mich. »Es gibt sehr viele Frauen, die trotz fehlender Antikörper problemlos schwanger werden. Das Fehlen als solches ist also kein primärer Sterilitätsfaktor. Nur bei Frauen, die wiederholt trotz bester Voraussetzungen nicht schwanger wurden, nimmt man an, dass das Immunsystem mit daran schuld sein könnte. Aber nie ausschließlich. Ziel ist es also, eine Verbesserung der Chancen zu erreichen.«

Beim nächsten Termin in der Heidelberger Kinderwunschsprechstunde fragte ich meine Ärztin, was sie davon hielte. »An sich ist das sinnvoll«, meinte sie, »nur machen wir das hier in Heidelberg nicht.«

Wie ich im Internet herausfand, gab es eine Klinik in Kiel und eine Praxis im Stuttgarter Raum, die sich darauf spezialisiert hatten. Wir entschieden uns für das näher gelegene Team bei Stuttgart. Der Nachteil war, dass wir die Kosten der Behandlung selbst übernehmen mussten. Wie hoch die würden, konnten wir allerdings noch nicht absehen, da sie sich nach der Anzahl der vorzunehmenden Immunisierungen richteten, die je um die 400 Euro kosteten. Im Abstand von vier Wochen wurden mir Anfang und Ende Januar 2002 weiße Blutkörperchen von Thomas unter die Haut gespritzt. Jedes

Mal reagierte ich sehr heftig. An der Einstichstelle wurde es unangenehm heiß, und es bildeten sich kleine rote Punkte. Als man zwei Wochen später keine Lymphozytenantikörper fand, schlug man mir eine Nachimmunisierung vor. Ich war irritiert, da ich nach meinen heftigen Reaktionen geglaubt hatte, dass die Immunisierung erfolgreich verlaufen sei.

Bei der Wiederholung wurden schließlich »zytotoxische Antikörper« nachgewiesen. »Damit ist eine dezente Stimulation des mütterlichen Immunsystems zu objektivieren«, hieß es im anschließenden Arztbericht. Allerdings würde »entsprechend der Reaktionsstärke der Antikörper dieser therapeutische Effekt höchstens für drei Monate anhalten«, weshalb die dortige Ärztin empfahl, baldmöglichst einen neuen IVF-Versuch durchzuführen.

Nur »drei Monate« nach zwei Immunisierungen? Und das für 1 100 Euro? Das karge Ergebnis wunderte und enttäuschte uns. Im Internet hatte ich gelesen, dass der Immunisierungseffekt normalerweise mindestens ein Jahr anhielte. Hätten wir doch nach Kiel gehen sollen? Dort wäre es um mehr als die Hälfte billiger gewesen, was wohl auch einer der Gründe war, weshalb die Krankenkasse mit Stuttgart nicht zusammenarbeitete. Und selbst diese Kosten wären für uns in Kiel ja gar nicht erst angefallen.

»Ruf doch mal in Kiel an und frage, was die davon halten«, riet mir Thomas. »Vielleicht stimmt da ja was nicht.«

Als ich dort die Sache schilderte, empfahl man mir eine Blutprobe zu schicken, um den Immunisierungseffekt zu überprüfen. Das Ergebnis irritierte mich vollends, denn es waren »noch deutlich antipaternale Antikörper« nachweisbar. »Aus unserer Sicht ist die aktive Immunisierung damit erfolgreich durchgeführt und für mindestens ein Jahr abgeschlossen«, meinte der dortige Immunologe.

»Das gibt's doch nicht«, sagte ich zu Thomas, dem ich den Brief aus Kiel sofort am Telefon vorlas. »Drei Monate oder ein Jahr, das ist doch ein Unterschied! Die wollen wohl, dass wir in einem Vierteljahr wieder über 1 000 Euro für eine weitere Immunisierung zahlen, falls ich nicht schwanger werde bei der nächsten IVF.«

»Wenn es hilft, sollten wir es machen«, meinte Thomas am Abend. »Das Geld könnte allerdings schon ein Problem werden.« Er sah auf seine Suzuki, die er wenige Tage zuvor auf Hochglanz gebracht hatte. »Wenn wir die verkaufen, reicht das für einige Immunisierungen.«

Ich war ihm dankbar für dieses Angebot, das ich aber nie angenommen hätte. Und letztlich ging es auch weniger um das Geld. Mich hatte plötzlich eine große Mutlosigkeit überfallen. Sollten wir nicht lieber aufhören? Es schien alles so vollkommen sinnlos zu sein.

Unter falschem Namen – vielleicht, weil ich mich meines Schwankens irgendwie schämte – befragte ich das Team der Kinderwunschseite, was es davon hielte, nach drei künstlichen Befruchtungen, sechsmal Kryo-Transfer, einer Schwangerschaft und zwei Immunisierungen noch weiterzumachen?

»Normalerweise ist das Nachdenken über das Aufgeben des Kinderwunsches nach einer solch hohen Zahl von Versuchen gerechtfertigt«, wurde mir geantwortet. »Aber bei Ihnen gibt es zwei positive Aspekte: 1. Sie haben einen möglichen Fehler im System gefunden und diesen vielleicht ausmerzen können; 2. Sie waren einmal schwanger. Zusammenfassend kann man Ihnen von weiteren Versuchen deshalb nicht abraten, vielleicht sogar eher zuraten. Sie sollten sich aber eine feste Grenze setzen, zum Beispiel: noch zwei Versuche oder Ähnliches. Alles Gute und viel Glück!«

Also gut, dachte ich, versuchen wir es weiter.

Thomas zweifelte ohnehin nicht am Erfolg. »Wenn du 40 bist, können wir immer noch aufhören. Aber du wirst sehen, so lange brauchen wir gar nicht.«

»Woher nimmst du nur diese stoische Gewissheit?«, fragte ich ihn. Ich wusste die Antwort und wollte sie doch immer wieder hören.

»Weil ich dich liebe, Schatz. Und weil ich schon zwei Kinder habe.«

Drei IVF traute ich meinem malträtierten Körper und meiner Seele noch zu: eine in Heidelberg und zwei dann irgendwo anders, vielleicht in Ulm, wo Blastozysten eingesetzt wurden, oder in Österreich, wo die Erfolgsrate höher sein sollte als in Deutschland. Selbst in die USA zu fliegen, schlossen wir nicht mehr aus, obwohl wir uns das, nüchtern betrachtet, gar nicht leisten konnten.

Mitte März wurde ich wieder punktiert. Während mir 27 Eizellen entnommen wurden, mühte sich Thomas im Spermaraum ab.

»Kalt ist es dort gewesen«, sagte er mir danach, als ich im Aufwachraum lag und mich langsam von der Narkose erholte. »Und du warst nicht dabei.« Es klang etwas vorwurfsvoll, obwohl er es nicht so meinte.

Wie viel Gefühl bleibt übrig vom Wunderbaren und Einmaligen einer Zeugung nach der vierten IVF? Ich sah Thomas in die Augen, sah seinen liebevollen Blick und wusste wieder, warum ich das alles auf mich nahm. Trotz der künstlichen Befruchtung hatten wir weiterhin ganz normalen Sex miteinander, der uns Spaß machte und auf den wir nie verzichtet hätten. Denn das hätte ganz sicher unsere Ehe zerstört. Die enthaltsamen Tage vor der Punktion fielen uns immer schwer genug. Wieso auch sollten wir mit dem Sex aufhören, wenn der Kinderwunsch auf normalem Wege nicht mehr klappt? Ja, das Wunderbare ist unsere Liebe, die wir bei der Zeugung empfinden, egal, auf welchem Wege sie geschieht.

Von den 16 befruchteten Eizellen hatte ich mir drei Embryos übertragen lassen; 13 wurden konserviert. Keine Schwangerschaft. Doch dann, nach dem siebten Kryo-Transfer Mitte April 2002 schien etwas zu passieren. Der HCG-Wert stieg an. Das hieß, mindestens ein Embryo muss-te sich eingenistet haben. Sollten all meine Gebete erhört worden sein? Ich wagte kaum, daran zu glauben, zu viele Enttäuschungen lagen hinter mir. Erstaunt schaute ich auf meinen Bauch. Was tat sich darin? Wie ein rohes Ei trug ich ihn in den nächsten Tagen mit mir herum und zählte die Stunden bis zum nächsten Bluttest.

Er war »grenzwertig positiv«. Ich wusste nicht, ob ich mich darüber freuen sollte. Konnte ich nun hoffen oder nicht?

»Warten wir es ab«, sagte die Ärztin. »Eine geringe Wahrscheinlichkeit besteht schon noch.«

Ein Ruck schleuderte meinen Körper erst nach vorn und dann, als würde ich von einer Eisenstange getroffen, nach hinten. Ich hörte einen dumpfen Schlag. Dann war es still. Das Auto stand.

»Alles okay?«, fragte Thomas tonlos.

»Ja«, hörte ich die dünnen Stimmen seiner Kinder.

Mir hatte es die Sprache verschlagen. Ich nickte. Ich sah durch die Scheiben wie durch dichten Nebel. Alles war weit weg, verschwommen, unwirklich. Erst langsam drang in mein Bewusstsein, dass wir soeben einen Unfall gehabt hatten. Mein Blick senkte sich auf meinen Bauch, der mir irgendwie fremd erschien.

Thomas sicherte die Unfallstelle sofort ab und rief anschließend die Polizei an. Dann brachte er seine Kinder und mich zu meiner Schwester, die in der Nähe wohnte. Ich kann mich daran kaum erinnern, da ich noch Stunden unter Schock stand. Erst später erfuhren wir, was eigentlich passiert war.

Eine 18-jährige Mutter war mit ihrem zwei Monate alten Baby mit 50 Stundenkilometern ungebremst in das Auto hinter uns gerast, das wiederum in unseren alten BMW hineinfuhr. Wir waren gerade mit Thomas' Kindern, die an jenem Wochenende bei uns waren, auf der Fahrt in ein Einkaufscenter gewesen. Es ist ein Wunder, dass die beiden, die hinten gesessen hatten, unverletzt blieben. Denn alle drei Autos hatten Totalschaden. Auch die anderen Betroffenen schienen mit einem blauen Auge davongekommen zu sein.

Ich auch, glaubte ich zumindest. Bis ich am selben Abend starke Kopfschmerzen bekam und mir übel wurde. Hatte ich vielleicht ein Schleudertrauma? Oder rührte die Übelkeit von der Schwangerschaft her? Kopfschmerzen waren immer ein schlechtes Zeichen. Sollte der Hoffnungsschimmer etwa schon wieder erloschen sein? Die nächste Untersuchung in der Uniklinik bestätigte meine Befürchtung.

»Sie haben eine biochemische Schwangerschaft«, sagte man mir. »Auf dem Ultraschallbild sind keine Fruchthüllen zu sehen.«

Die Ärztin musste mir das nicht sagen. Ich sah es selbst. Eine dunkle Höhle pulsierte auf dem Monitor vor sich hin, ohne einen einzigen kleinen, kreisrunden Lichtblick darin.

»Was heißt das genau?« Ich wollte es genauer wissen, vielleicht um selbstquälerisch meine Hoffnung noch wirksamer begraben zu können.

»Sie haben zwar das Schwangerschaftshormon gebildet, das reicht aber nicht aus für eine eindeutige Schwangerschaft«, erklärte mir die Ärztin geduldig. »Zum einen muss sich der HCG-Wert erhöhen, was bei Ihnen nicht der Fall ist. Und zum anderen muss eine Einnistung vorliegen.«

Ich war also schwanger und doch nicht schwanger. Welch grausame Vorstellung. Es war einfach ungerecht.

»Wann ist die Ausschabung?«, fragte ich und fühlte mich wehrlos wie ein Kalb auf der Schlachtbank.

»Die ist diesmal nicht nötig«, versicherte mir die Ärztin schnell, als sie sah, wie ich erbleichte. »Die Monatsblutung wird von selbst einsetzen und die Gebärmutter ›reinigen‹.« Bei dem letzten Wort machte sie eine kreisende Handbewegung, die mich wieder an das Auto erinnerte.

»War der Unfall daran schuld?«

»Man kann nie so genau wissen, wie sich die Schwangerschaft noch entwickelt hätte. Aber ich glaube nicht.«

KAPITEL 12

Sollen wir ins Ausland gehen?

Mein Bauch war leer. Aber die Kopfschmerzen hörten nicht auf. Nach mehreren Arztbesuchen diagnostizierte ein Orthopäde schließlich tatsächlich ein Schleudertrauma. Wochenlang besuchte ich eine Physiotherapiepraxis nach der anderen. Aber keine Krankengymnastin konnte meine Halswirbelsäule wieder in Ordnung bringen. Ich wachte morgens mit Schmerzen auf und ging abends mit Schmerzen ins Bett. Meinen Hals konnte ich nur geringfügig drehen. Zwar gewöhnte ich mich allmählich an das dumpfe Dröhnen in meinem Kopf, wie man sich an alles irgendwann gewöhnt, aber die Schmerzen raubten mir meine letzten Kräfte. Obwohl ich keine Hormone nahm, wurde ich reizbar und verlor zeitweise sogar die Lust am Sex.

Knapp einen Monat nach dem Unfall ließen wir die letzten Kryos der vierten IVF auftauen. Nur zwei davon entwickelten sich weiter, jedoch nur zu Zweizellern. Es war sinnlos, und trotzdem mussten wir sie wieder einsetzen lassen. Ich war so mutlos wie nie zuvor. Ein dunkler Tunnel lag vor mir, an dessen Ende ich kein Licht sah. Ich lief und lief und wusste nicht, ob die Dunkelheit je enden würde.

Sollten wir doch ins Ausland gehen? In Österreich zum Beispiel dürfen *alle* Eizellen bis zum fünften Tag weiterkultiviert werden und nicht wie in Deutschland nur maximal drei, gerade mal so viele, wie man dann auch eingesetzt bekommt. Außerdem kann man schlechte Teilungen vor dem Einfrieren selektieren, wenn sie zum Beispiel bei einer vierten oder sechsten Teilung stehen geblieben sind. Das ist in Deutschland laut Embryonenschutzgesetz verboten. Hier werden sie schon kurz vor der Verschmelzung eingefroren, wenn noch sehr unklar ist, wie sie sich weiterentwickeln. So sieht man erst einige Stunden nach dem Auftauen, ob sie wirklich geeignet sind. Da ich sehr viele Eizellen produzierte, würde das Vorgehen in Österreich meine Chancen enorm erhöhen. Dann könnte ich mir ein oder zwei Blastozysten in einem Stadium kurz vor der Schlüpfung einsetzen und die übrigen guten Teilungen einfrieren lassen.

Doch welche Aussichten hatte ich tatsächlich? In einem Brief nach Bregenz an das Institut für Reproduktionsmedizin und Endokrinologie beschrieb ich unsere bisherigen Unternehmungen und fragte nach meinen Möglichkeiten. Meine Chancen seien gut, kam umgehend die Antwort. Mit der Blastozystenkultur, die in Österreich laut Fortpflanzungsmedizingesetz erlaubt ist, seien »doppelt bis dreifach höhere Schwangerschaftsraten zu erzielen«. Das klang verlockend, und ich schöpfte neuen Mut – bis ich die Stimulationspläne der Bregenzer Klinik in Händen hielt. Ich traute meinen Augen kaum. Die doppelte bis dreifache Dosis an Gonal F und Menagon als bisher sollte ich nehmen. Für eine Frau, die nur wenige Eizellen produzierte, war das sicher in Ordnung. Doch ich bildete bereits bei einer viel niedrigeren Dosierung mehr als 20 Eizellen. Das hieße, meine Überstimulationssymptome würden extrem zunehmen und damit die Schmerzen, die ich schon bisher kaum ertragen hatte. Ich geriet bei dieser Vorstellung in Panik und rief schließlich den dortigen Institutsleiter an: »Haben Sie eigentlich meine Unterlagen genau studiert?«, fragte ich ihn geradeheraus. »Daraus hätten Sie doch ersehen müssen, dass ich zur Überstimulation neige, dass Ihr Plan zu gefährlich für mich ist.«

»Wir haben halt unsere Vorgaben und Erfahrungen, weshalb ja auch unsere Erfolgsrate so hoch ist«, bekam ich fast unwirsch zur Antwort.

»Ja und da gehen Sie nicht individuell auf die Frauen ein?«, hakte ich nach. »Meinen Sie nicht, dass eine geringere Hormondosis für mich auch reichen würde?«

»Entweder Sie wollen schwanger werden oder nicht!«

Enttäuscht legte ich auf. Der schroffe Ton des Arztes gefiel mir ganz und gar nicht.

»Können wir einer Klinik, die so mit ihren potenziellen Klienten spricht, überhaupt vertrauen?«, fragte ich Thomas, nachdem ich ihm am Abend von dem seltsamen Telefonat berichtet hatte.

»Ach, vielleicht hatte der Arzt einen schlechten Tag«, beruhigte er mich. »Was zählt, ist die Erfolgsrate. Und die ist bestechend.«

Das war sie in der Tat. Aber nicht Thomas, sondern ich hatte das Risiko auf mich zu nehmen und die Schmerzen zu ertragen.

»Komm, das schaffst du schon«, ermunterte mich Thomas, dem mein Zögern nicht entging.

»Ja aber wir haben doch das Geld gar nicht dafür«, fiel mir ein weiteres Gegenargument ein. »Die Kosten müssen wir nämlich selbst übernehmen.«

Das war der wunde Punkt, den Thomas gern verdrängt hätte, vermutete ich. Ich sah, wie es in seinem Kopf arbeitete.

»Ich schreib einen Brief an unsere Krankenkasse. Vielleicht zahlt sie ja doch, zumindest einen Teil.«

»Okay«, lenkte ich ein. »Machen wir es davon abhängig.« Geheuer war mir die Sache trotzdem nicht. Aber wenn Thomas so vehement dafür war, wollte ich ihn nicht enttäuschen.

Im Mai schrieb ich einen Antrag auf Kostenübernahme einer IVF-Behandlung in Österreich. Außerdem nahm ich Kontakt mit einer Kinderwunschpraxis in Ulm auf, die mir empfohlen worden war. Ende Juni sollte ich mich dort zur Gebärmutterspiegelung vorstellen. Doch zuvor brauchte ich dringend eine Auszeit. Der Marathon der letzten Monate hatte mich an den Rand meiner Kräfte gebracht.

»Lass uns Urlaub machen«, sagte ich zu Thomas, »irgendwohin, wo ich einmal alles vergessen kann.«

»Da wüsste ich was.« Thomas schien die Idee zu gefallen. »Sri Lanka soll schön sein, hab ich gehört. Preiswert, sauberes Wasser, malerischer Strand und Dschungel!«

Letzteres gefiel meinem Abenteurer sicher besonders. Ich sah, wie seine Augen aufleuchteten bei dem Gedanken. Die Aussicht auf Urlaub stimmte ihn fröhlich, was mich wiederum freute. Die letzte Zeit war Thomas oft bedrückt gewesen, denn er fühlte sich in seinem Job nicht besonders wohl. Er war vor Kurzem in ein anderes Team versetzt worden und verstand sich mit den neuen Kollegen nicht.

»Allerdings kann ich im Moment nicht mehr als eine Woche Urlaub nehmen.«

»Ist das nicht ein bisschen weit weg für so eine kurze Zeit?«

»Nicht viel weiter als Ägypten, glaub ich.«

»Glaubst du oder weißt du?«, hakte ich nach.

»Ach, ist doch egal. Hauptsache, weit weg, exotisch und aufregend, oder?« Thomas grinste breit.

»Du wirst schon was finden, was mein Herz klopfen lässt.« Ich lächelte und schubste unsere graue Katze, die auf meinem Bauch schnurrte, auf seinen Schoß. »Wahrscheinlich verschwindest du für ein paar Tage auf Tigerjagd im Dschungel …« Ich traute ihm alles zu.

Sri Lanka erwies sich zunächst als herbe Enttäuschung. Der Flug war anstrengend, denn die Insel lag doch viel weiter entfernt, als wir gedacht hatten. Die Fahrt mit dem Flughafentransfer von Colombo bis zu unserer Hotelanlage – erst quer durch die Stadt und dann im Schneckentempo durch den Dschungel – war ein Schnellkurs zum Thema Probleme der Dritten Welt: Denn kaum hatten wir das innere Stadtzentrum verlassen, säumten Slums die Straßen, wo die Bewohner sich mit der Gießkanne am Straßenrand wuschen und ihre Notdurft in aller Öffentlichkeit verrichteten. Unzählige Menschen waren unterwegs, zu Fuß, mit Rikschas, Fahrrädern oder mit ihren Kühen. Sobald eine Kuh die Straße überquerte, hielt alles an. Dann kam kein Auto mehr weiter. Immer wieder mussten wir warten, worüber Thomas sich zunehmend aufregte. Als wir den Dschungel durchfuhren, sahen wir wieder Slums. Sie nahmen einfach kein Ende.

Das Hotel wird uns entschädigen, hofften wir. Wir freuten uns auf die im Prospekt angepriesene Anlage am Strand, in der es einen Swimmingpool geben sollte, eine Sauna und viele Blumen. Ich würde mich ans Wasser legen und lesen oder einfach an nichts denken, und Thomas würde Wasserski fahren, schwimmen und tauchen. Abends wären vielleicht Partys, auf denen wir einmal wieder so richtig tanzen könnten. So dachten wir uns das.

Doch wie groß war unsere Enttäuschung, als wir nach dieser grässlichen Tour endlich ankamen! Weit und breit kein Strand, ein unansehnliches Hotel in einem Gelände, das so stank, dass ich mir unwillkürlich die Nase zuhielt. Neben dem Hotel floss der zweitgrößte Fluss Sri Lankas, in dem sich der ganze Schmutz der Slums, die er auf seinem Weg ins Meer durchquerte, zu sammeln schien. Statt gut gepflegter Blumenbeete fanden wir vertrocknete Wiesen vor, auf denen Abfall herumlag und sich bis zu zwei Meter lange Warane tummelten. Allein der Gedanke, diesen Ungetümen zu begegnen, flößte mir Angst ein. Thomas allerdings fand sie nett und wollte sich ihnen schon nähern, als ein Hotelangestellter ihm mit aufgeregten Gesten zu verstehen gab, dass er das lieber sein lassen sollte. In gebrochenem Englisch, das wir kaum besser beherrschten, versuchte er uns zu erklären, dass die Echsen ihn mit dem riesigen Schwanz schlagen könnten, wenn er sie reizte. Und das gäbe böse Brandwunden, da sie dabei ein giftiges Sekret verspritzen. Zum Glück überzeugte das Thomas. Bei ihm wusste man ja nie. Hier einen Arzt aufzusuchen, wäre meiner Meinung nach nun doch allzu abenteuerlich gewesen.

Das Hotel selbst sah alles andere als einladend aus. Von den 50 Zimmern, die winzig waren, fanden wir nur zehn belegt vor.

»Nix mit Party«, sagte Thomas und streckte die Arme nach beiden Seiten aus, um zu testen, ob seine Fingerspitzen die Wände berührten. Es fehlten nur wenige Zentimeter.

Ich beugte mich gerade über das Waschbecken, das so niedrig war, dass ich mich beim Händewaschen auf die Knie begeben musste. Die Badewanne hingegen – es gab keine extra Dusche – war so hoch gelegen, dass selbst Thomas einen Riesenschritt machen musste, um hineinzukommen.

»Wo sind wir hier nur gelandet?« Thomas sah mich ratlos an, nachdem er frisch geduscht wieder aus der Badewanne geklettert war.

»Lass uns den Strand suchen«, versuchte ich, ihn aufzumuntern. »Irgendwo muss der ja zu finden sein. Dann baden wir erst mal eine Weile im Meer und sehen weiter.«

Aber wir fanden keinen Strand, jedenfalls keinen malerischen Sandstrand. Der Monsunregen hatte den Wasserpegel so erhöht, dass er vollkommen überschwemmt war. Dort, wo er hätte sein sollen, erstreckte sich eine Lagune, auf deren Brackwasser Müll schwamm, den der Fluss mit sich gespült hatte. Wir konnten es kaum glauben, wie sehr uns die Fotos im Reiseprospekt getäuscht hatten. Zu allem Übel schmeckte uns auch das Essen nicht. In den nächsten zwei Tagen, bis uns nach einer Beschwerde über unsere Agentur endlich ein neues Hotel zugewiesen wurde, aß Thomas nahezu nichts, sondern trank nur Mineralwasser, aus Angst, dass ihn irgendwelche Keime heimsuchen könnten. Die Umbuchung verlief zum Glück problemlos. Das Hotelpersonal hatte wohl damit gerechnet und war nicht einmal unfreundlich, als wir wieder abzogen.

Das neue Hotel wirkte nobler, die Anlage war gepflegt, und der Strand, den hier kein Hochwasser verdeckte, sauber. Allerdings riet man uns vom Baden ab, da das Wasser zu dieser Zeit von einer Art Feuerquallen wimmelte. Thomas badete dennoch einmal. Wellen von über vier Metern Höhe wollte er sich nicht entgehen lassen. Ich schaute ihm zu und wartete darauf, dass er irgendwann schreiend aus dem Wasser rennt. Aber er hatte wie immer Glück. Die Quallen ließen ihn in Ruhe. Wenn es nicht gerade regnete, denn die Monsunzeit hatten wir bei der Reiseplanung nicht bedacht, liefen wir stundenlang am Strand entlang. Manchmal kamen wir allerdings kaum weiter, da die blau schimmernden Quallen den Weg versperrten.

Bei einer unserer Wanderungen entdeckten wir einen von Deutschen geführten Reiterhof. Ich war sofort begeistert und drängte Thomas, einen Ausflug zu machen. Ich hatte keine Scheu vor Pferden, da ich als Kind oft geritten bin. Thomas hingegen, sonst so mutig in allem, zögerte etwas, da er erst ein Mal auf einem Pferd gesessen hatte. Da er sich keine Blöße vor mir geben wollte, schwang er sich schließlich nach oben und gab dem ceylonesischen Führer das Zeichen zum Losreiten. Er bot ein Bild des Jammers: Krumm und sichtlich unglücklich hüpfte er auf und nieder. Ich lachte ihn aus und gab meinem Pferd die Sporen. Erst später gestand Thomas mir, wie sehr er gelitten hatte, bis er den Führer seines Pferdes endlich mit Händen und Füßen und in gebrochenem Englisch klar machen konnte, dass er seine Familienplanung noch nicht beendet hätte.

Einmal lud uns ein Einheimischer, den wir auf einem unserer Spaziergänge getroffen hatten, auf eine Dschungeltour ein. Drei Stunden lang erlebten wir die Wunder des Urwalds und waren Gast in einer Holz- und Elfenbeinschnitzerei. Die Rückfahrt in einem zusammengeschusterten Katamaran war abenteuerlich und nicht ungefährlich. Doch wir sahen riesige Warane, noch größere als in der ersten Hotelanlage, Eisvögel und Adler, die langsam über uns kreisten.

Ein anderes Mal kam eine kleiner, taubstummer Junge an das Gatter, das unser Feriendomizil umgab. Er trug eine Riesenschlange in einem Korb, die natürlich sofort Thomas' Interesse auf sich zog.

»Du willst die dir doch nicht etwa um den Hals legen lassen?«, fragte ich ihn entsetzt, als ich sah, wie er ein paar Dollarscheine aus der Tasche zog und sie dem Jungen hinüberreichte.

»Was denkst *du* denn! So was bekommt man nur einmal geboten.«

Mir blieb der Atem weg, als er das Tier aufnahm und sich langsam über die Schultern legte. Vielleicht hat er ja seine Familienplanung doch schon abgeschlossen, schoss es mir durch den Kopf. Vielleicht darf ich ja allein nach Hause fliegen? Mit einer kleinen Urne auf dem Schoß und netten Erinnerungsfotos für seine Kinder.

Aber Thomas strahlte mich an. Er war selbst ein Kind in diesem Moment. »Es ist großartig, Schatz. Wenn sie sich bewegt, spüre ich jeden einzelnen Muskel und Wirbel der Schlange auf der Haut. Wenn man ganz ruhig bleibt, passiert auch nichts.«

»Und plötzlich bekommt sie Appetit und vorbei ist es mit der Ruhe, mein Lieber!«

»Keine Sorge, sie hat gerade ein Huhn verspeist, hat mir der Begleiter des Jungen gesagt, sie braucht die ganze Woche nichts mehr.«

Das beruhigte mich ein wenig. Aber als Thomas auf den Gedanken kam, sich zu Hause unbedingt eine Kobra anzuschaffen, sagte ich: »Stopp! Wenn du dir eine Schlange zulegst, kauf ich mir noch drei Katzen. Und dann werden wir ja sehen, wer von uns beiden mehr Spaß hat!« Ich wusste ja, dass er unsere zwei Katzen bisher nur mir zuliebe ertrug.

Glücklicherweise war zu Hause keine Rede mehr von Schlangen.

Kaum waren wir wieder zurück, fuhren wir nach Ulm. Wir staunten, wie nobel die dortige Praxis eingerichtet war, fast ein bisschen zu modern, fanden wir. Nachdem ich dem Arzt meine Geschichte erzählt hatte, meinte er: »Viel gibt es da allerdings nicht mehr zu tun. Wir könnten erst einmal eine Endoskopie machen, um uns die Gebärmutter genauer anzuschauen. Vielleicht sind es ja Verwachsungen, die eine Einnistung verhindern.«

»Müsste ich dann ausgeschabt werden?« Mir brach der Schweiß aus bei der Erinnerung an jenen 29. Dezember 2001.

»Gegebenenfalls ja. Aber davon merken sie nicht viel. Sie bekommen Vollnarkose. Danach würde ich für den übernächsten Zyklus eine In-vitro-Fertilisation mit Blastozysten vorschlagen. Denn das haben Sie ja wohl noch nicht gemacht.«

»Nein, deswegen sind wir ja hier«, sagte Thomas, der etwas ungeduldig wurde.

»Außerdem könnte man sie unmittelbar vor und nach dem Transfer zur Aktivierung der Schleimhäute noch akupunktieren. Aber das kostet jeweils 50 Euro, die Sie privat zahlen müssten.«

»Wenn es was nützt«, sagte ich. »Wir müssen einfach alles ausprobieren.«

Drei Tage später war der Eingriff. Die Endoskopie wurde über die Scheide durchgeführt. Wie sich herausstellte, hatte ich durch die vielen Stimulationen und die Fehlgeburten tatsächlich an der vorderen und hinteren Gebärmutterwand zahlreiche Verklebungen, die mit einer Ausschabung entfernt wurden. Die Operation war harmlos gewesen, und wie vorausgesagt spürte ich danach nur einen kleinen Muskelkater im Bauch.

»Im Juli sehen wir uns wieder«, sagte mir der Arzt zum Abschied. »Dann besprechen wir die Stimulationspläne für

September. Trägt Ihre Krankenkasse die Kosten? Sie haben ja schon einige hinter sich.«

»Wahrscheinlich ja«, antwortete ich ausweichend. »Wir verhandeln noch.«

Fast täglich warteten wir auf Post von unserem Sachbearbeiter, der uns bisher stets wohlgesonnen gewesen war. Endlich, am 2. Juli, kam der Bescheid von unserer Krankenkasse. Er enthielt eine negative und eine positive Nachricht. Die Kostenübernahme für Österreich wurde abgelehnt, da das dortige Vorgehen in Deutschland »einen strafrechtlichen Tatbestand darstellt und die Selektierung von Embryonen gemäß dem Deutschen Embryonenschutzgesetz unter Strafandrohung verboten ist«. Die letzten vier Worte waren fett gedruckt. Binnen eines Monats könnten wir Widerspruch gegen diesen Bescheid einlegen – was wir umgehend taten, um uns eine weitere Option offen zu halten. Die gute Nachricht war, dass uns drei weitere In-vitro-Fertilisationen in Deutschland bezahlt würden. Ulm war also gesichert – und noch etwas Urlaub, der mich zuvor entspannen würde.

KAPITEL 13

Praxiswechsel

Ich saß am Strand von Djerba und fröstelte. Der Sommer in Dielheim war heiß und drückend gewesen, und ich hatte mich in meinem »Ländle« nach Meereswind und Salzwasser gesehnt. Um mich herum packten die Badegäste ihre Sachen ein. Die Sonne stand als glutroter Ball am Horizont und würde bald im Meer versunken sein. Ich legte mein Buch in die Tasche und schaute auf das Wasser hinaus. Noch vor einer Stunde war es recht ruhig gewesen. Doch nun fegte heftiger Landwind und Wellen schäumten auf. Wo blieb Thomas? Vor anderthalb Stunden war er mit einem Jetski in Sprüngen, die ihn jubeln und mir den Atmen stocken ließen, hinausgefahren. Der tunesische Verleiher hatte aus einem Motorboot die Batterie ausbauen müssen, denn keines der in Frage kommenden Gefährte war in Ordnung gewesen. Aber Thomas hatte sich davon nicht abschrecken lassen, denn schließlich hatte er seit unserer Ankunft von dieser Jetski-Tour geträumt.

Ich beschattete meine Augen mit der Hand und suchte nach ihm. Nichts und niemand war auf dem Meer, dessen Farbe mittlerweile dunkelblau war, zu sehen. Ein entsetzlicher Gedanke kam mir: der Motor! Er muss ausgefallen sein, die Strömung treibt Thomas immer weiter hinaus! Womöglich schwimmt er bereits im Wasser, schreit und keiner hört ihn! Wie von der Tarantel gestochen sprang ich auf und rannte zu dem Bootsverleiher. Auch er schien beunruhigt.

»Holen Sie mir sofort ein Fernglas!«, schrie ich ihn an, ohne daran zu denken, dass er ja kein Deutsch verstand.

Als er mich daraufhin fragend ansah, machte ich mit meinen Händen Zeichen. Da begriff er.

Zitternd vor Aufregung suchte ich Stück für Stück das Meer ab. Noch war es hell, doch ich wusste, dass in wenigen Minuten recht plötzlich die Dämmerung hereinbrechen würde. Endlich sah ich einen orangefarbenen Punkt am Horizont, kaum streichholzgroß und regungslos.

»Thomas!«, schrie ich, obwohl er mich ganz bestimmt nicht hören konnte, und winkte ihn mit weit ausholenden Armbewegungen heran. Doch er bewegte sich nicht. Statt größer zu werden, schienen Himmel und Meer ihn langsam zu verschlingen.

»Tun Sie doch irgendwas!«, herrschte ich den Verleiher an. Thomas war mehr als einen Kilometer entfernt und konnte niemals zurückschwimmen!

Der Mann verstand mich zwar, machte aber ein ratloses Gesicht, das mich noch mehr aus der Fassung brachte. Aus seinen Gesten schloss ich allmählich, dass er kein Motorboot besaß, da er ja die Batterie für den Jetski ausgebaut hatte. Am Strand lag nur ein verwittertes Ruderboot, das nicht gerade Vertrauen einflößte. Als er darauf zeigte, schüttelte ich mit dem Kopf.

»*I'm looking for help*«, hörte ich den Verleiher sagen. Dann war ich allein am Strand mit meiner Angst, starrte aufs Meer hinaus und beobachtete, wie Thomas immer weiter abtrieb, bis ich ihn selbst durch das Fernglas nicht mehr sehen konnte. Meine Verzweiflung wuchs. Das schaffen wir doch niemals!, dachte ich. In meinen Gedanken spielten sich bereits Horrorszenarien ab. Ich weiß nicht mehr, wie lange ich dort stand und aufs Meer starrte. Die Vorstellung, Thomas könnte etwas passiert sein, hatte mich vollkommen gelähmt. Plötzlich jagte ein Motorboot über die Wellen – auf einen imaginären Punkt zu, der mein Mann sein musste.

Später, als Thomas neben mir am Strand lag und ich ihn am liebsten geohrfeigt hätte für das, was er mir zugemutet hatte, sagte er nur fröhlich, dass er überhaupt keine Angst gehabt hätte.

»Ich habe vor mich hin geträumt und bin ganz sicher gewesen, dass mich schon irgendwer holen wird.«

Dieses Gottvertrauen machte mich einfach sprachlos. Vielleicht war es das, was mich immer wieder an ihm anzog.

Nur sechs Wochen später waren wir bereits wieder am Meer, dieses Mal in Ägypten, Hurgarda, wo wir unseren ersten gemeinsamen Urlaub verbracht hatten. Noch immer war mein Energietank nicht aufgefüllt. Sri Lanka und Tunesien hatten nicht gereicht dafür. Nicht nur die Hormone hatten mich zutiefst erschöpft. Nach wie vor plagten mich seit dem Unfall Kopfschmerzen. Vor allem aber wollte ich mich von all meinen Zweifeln und Grübeleien ablenken und meine Lebensfreude wieder entdecken.

Wir hatten Thomas' Kinder mitgenommen, die den ganzen Tag am Pool herumtollten. Ein Wunder, dass ihnen keine Schwimmhäute wuchsen. Thomas machte seinen ersten Tauchkurs, und wir hatten interessante und fröhliche Gespräche mit neuen Freunden. Barbara und Jürgen und ihren dreijährigen Sohn Patrick lernten wir bereits am Flughafen kennen, das heißt, eigentlich erkannten Barbara und ich uns wieder, denn sie war Kundin in der Boutique gewesen, in der ich gearbeitet hatte. Zufällig saßen wir noch im Flieger nebeneinander und waren im gleichen Hotel untergebracht. Ähnlich wie Thomas, wenn auch aus anderen Gründen, hatte Jürgen im Alltag wenig Zeit für seinen Sohn. Er besaß eine Schreinerei, in der auch Barbara mitarbeitete. Meist kam Jürgen nicht vor elf nachts nach Hause, und da schlief Patrick längst. Umso mehr genossen beide die gemeinsamen Urlaube. Kinder brauchen ihre Väter. Aber wie selten sind sie wirklich einmal den ganzen Tag mit ihren Kindern zusammen, erleben sie mit all ihrer Fröhlichkeit, ihren Gedanken und kleinen Sorgen. Ich fragte mich, wie es uns einmal gehen würde, ob Thomas dann auch genügend Zeit für unser Kind hätte.

Während die Männer mit ihren Kindern unterwegs waren, verbrachten Barbara und ich viele Stunden miteinander. Ich erzählte ihr von unserem unerfüllten Kinderwunsch und was wir alles versucht hatten bisher. Sie konnte es kaum glauben. Nach der Geburt ihres Sohnes waren Reste der Plazenta zurückgeblieben, die sie dringend hätte operieren lassen müssen. Aber ihre Angst vor der Operation war so groß, dass sie den Eingriff seit Jahren vor sich herschob.

»Wenn du nicht auf normalem Wege schwanger geworden wärest, hättest du mit deiner OP-Phobie all die Eingriffe, die eine künstliche Befruchtung mit sich bringt, wohl kaum auf dich genommen«, sagte ich einmal zu ihr.

»Nein, wahrscheinlich nicht. Aber wer weiß, wenn man doch Kinder möchte – um alles in der Welt. Vielleicht springt man dann auch über seinen Schatten.«

Gegen Ende des Urlaubs begann Thomas mich für die nächste IVF in Ulm zu spritzen.

Unmittelbar nach unserer Rückkehr hatten wir einen Termin. Der Arzt war sehr zufrieden mit der Eizellenreifung und legte den Termin der Punktion für Anfang September fest. Es wurden mir 16 Eizellen entnommen, elf davon ließen sich befruchten. Dann mussten wir fünf Tage warten, viel länger als in Heidelberg, ob sich aus drei der Pronukleuszellen Blastozysten bilden würden. Währenddessen unterzog ich mich auf Empfehlung des Arztes erstmals einer Akupunktur, die nach dem Transfer wiederholt werden sollte.

Wir waren so aufgeregt wie schon lange nicht mehr. Umso mehr erstaunte uns, als wir erfuhren, dass sich auch nach fünf Tagen von den drei Pronukleuszellen gerade mal ein Achtzeller entwickelt hatte! Obwohl doch schon nach zwei bis drei Tagen eine solche Teilung vorliegen könnte. Die anderen Embryos waren nur ein Zweizeller und ein Vierzeller, also nicht der Rede wert. Dennoch musste ich nach dem Transfer nochmals eine Akupunktur über mich ergehen lassen, was doch eigentlich gar keinen Sinn ergab. Es wäre einem Wunder gleichgekommen, wenn ich von den geringen Teilungen schwanger geworden wäre. Ich nahm daraufhin keine Gelbköper wie sonst. Wozu mich unnötig weiter belasten?

Das Ergebnis war wie erwartet eindeutig negativ. Ich hätte schreien können vor Wut und Enttäuschung. Wieder hatten wir die falschen Eizellen genommen und obendrein noch zweimal 50 Euro für die Akupunktur bezahlt. Und doch mussten wir auch hier zu Ende bringen, was wir nun einmal begonnen hatten.

Als sich das ganze Dilemma beim Kryo-Transfer im darauf folgenden Monat wiederholte, war ich nahe daran aufzugeben. So viele Hoffnungen hatten wir mit dem Praxiswechsel verbunden! Alles umsonst! Mutlos wie noch nie, verkroch ich mich wieder hinter dem Computer, chattete mit meinen

Leidensgenossinnen und putzte die Wohnung blitzblank. Da ich in mir selbst keine Ordnung hatte, sorgte ich für eine nahezu pedantische Aufgeräumtheit, in der Thomas ein einziger Störfaktor war. Hatte ich gerade sauber gemacht und er legte irgendetwas auf den Tisch, räumte ich es sofort weg. Jeder Millimeter, um den ein Gegenstand verrückt worden war, regte mich auf. Ich konnte es nicht einmal ertragen, wenn im Schrank ein Pullover nicht Kante auf Kante lag. Manchmal wachte ich nachts auf, und wenn ich etwas herumliegen sah, musste ich es wegräumen. Thomas schüttelte nur den Kopf über meine Pedanterie, wie wohl die meisten Männer über dieses sehr weibliche Verhalten. Nur Willi, ein Nachbar, der über uns wohnt, hat Verständnis dafür. Seine Wohnung wirkt ausgesprochen ordentlich, obwohl er nach der Trennung von seiner Freundin allein lebt. Das kann man nicht von vielen männlichen Singles sagen. Wenn wir uns zufällig treffen, reden wir über unsere Sorgen mit der Hausarbeit. »Du bist die einzige Frau, die mich versteht«, sagt er dann.

In jener Zeit schlief ich zunehmend schlechter, obwohl ich an sich einen sehr guten Schlaf habe. Auch Thomas warf sich nachts von einer Seite auf die andere, wovon ich jedes Mal erschreckt aufwachte. Obendrein begann er zu schnarchen. Das erste Problem löste ich, indem wir zwei einzelne Matratzen für unser Bett kauften. Da blieb mir wenigstens das Beben, wenn Thomas sich hin und her wälzte, erspart. Aber dass er schnarchte, wollte er erst gar nicht glauben. Sagte ich zu ihm: »Schatzi, du schnarchst!«, drehte er den Kopf auf die Seite und schnarchte fröhlich weiter. Wenn ich ihn dann erneut weckte, meinte er nur ungehalten: »Was willst du denn? Ich habe mich doch umgedreht!«

»Mit dem Kopf ist es aber nicht getan. Dreh dich ganz herum.« Doch darauf ließ er sich nicht ein, und ich musste sehen, wie ich wieder einschlief. Nacht für Nacht ging das so, bis ich ihm ein Aufnahmegerät, das ich extra zu diesem Zweck gekauft hatte, unter die Nase hielt. Als er sich am nächsten Morgen ganze Wälder absägen hörte, war er sehr erschrocken. Seitdem dreht er sich anstandslos auf die Seite, wenn ich ihn wecke.

Zu Thomas' Geburtstag im Sommer hatte ich ihm einen Wochenendurlaub in London geschenkt. Zwei Tage Aufenthalt, inklusive ein Besuch des Musicals *We Will Rock You!* über die Gruppe Queen als Höhepunkt. Brain May, der ehemalige Leadgitarrist, war an der Produktion beteiligt. Da Thomas mir gegenüber einmal erwähnt hatte, wie sehr er die Rockgruppe verehrte, war es genau das Richtige für ihn. Auch mir kam die Reise recht, um mich ein wenig abzulenken von meiner Frustration. Das Musical enttäuschte uns nicht, obwohl wir nicht viel von den englischen Texten verstanden. Wir hörten jedenfalls einen ganzen Abend lang Musik von Queen, und Thomas war begeistert.

Nach der Aufführung fuhren wir mit einer Rikscha durch das nächtliche London. Wir hatten kein Taxi mehr bekommen, was mich bei den unzähligen Menschen, die immer noch unterwegs waren, nicht verwunderte. Die Stadt war quicklebendig, aufregend, aber auch verstörend. Als wir einmal verkehrsbedingt anhalten mussten, fiel unser Blick auf einen jungen Mann. Wir sahen, wie er mitten auf dem Gehweg langsam seinen Arm entblößte, ihn abband, eine Spritze aufzog und abdrückte. Die Menschen liefen an ihm vorbei, als wäre es das Normalste der Welt. Es hätte nur noch ein Banküberfall gefehlt oder dass jemand erschossen worden wäre. Vermutlich wären die Passanten ebenso ungerührt geblieben. Dieses Erlebnis nahm uns sehr mit. Wir waren so etwas nicht gewohnt und hatten geglaubt, dass es das in Europa nicht gibt – zumindest nicht in der Öffentlichkeit. Wie mag es den Eltern dieses jungen Mannes ergehen?, fragte ich mich. Wie konnten sie nur zulassen, dass es so weit gekommen war mit ihm? Oder hat man ab einem bestimmten Punkt gar keinen Einfluss mehr auf seine Kinder? Aber weshalb machte ich mir darüber Gedanken, noch bevor ich überhaupt Mutter war? Ich war doch in London, um endlich einmal abzuschalten.

Am nächsten Tag schleppte mich Thomas von einem Museum ins andere, von einer Sehenswürdigkeit zur nächsten. Mir hätte ein Bruchteil davon genügt. Aber er wollte nichts verpassen.

»Wenn ich schon mal in London bin, will ich so viel wie möglich sehen. Wer weiß, wann wir wieder herkommen. Mit Kindern geht das erst mal lange nicht.« Da war es wieder, dieses Gottvertrauen! Beneidenswert.

Als wir am Sonntagabend am Flughafen standen, hatte ich von unseren endlosen Märschen quer durch die Stadt eine riesige Blase am Fuß, groß wie ein Fünfmarkstück. Aber ich war glücklich. Die Ablenkung hatte gut getan.

Zu Hause erwartete uns das Ergebnis einer Chromosomenanalyse, die wir am Tag vor unserem Londontrip hatten machen lassen. Wir wollten nach den Erfahrungen in Ulm noch einmal sichergehen, dass kein genetischer Schaden in unserem Erbgut vorliegt. Das Gutachten erleichterte uns: »Die Sterilität des Paares kann weder durch eine numerische noch durch eine strukturelle chromosomale Veränderung erklärt werden.«

Wieder waren wir ein Stück schlauer. Aber bezüglich der Ursache, weshalb wir trotz mittlerweile fünf künstlicher Befruchtungen noch immer kein Kind hatten, tappten wir nach wie vor im Dunklen.

KAPITEL 14

Besuch bei einem Heiler

Meine Kopfschmerzen wurden immer unerträglicher. Sie höhlten meine Energie aus, machten mich schlapp und schwer. Kein Arzt, kein Medikament hatte mir nachhaltig helfen können.

»Du solltest es einmal mit einem Heiler versuchen«, sagte Doris, meine Schwägerin. Wir waren bei ihr zum Geburtstag eingeladen, und sie sah mir an, dass es mir nicht gut ging.

»Mit einem Heiler?«

»Na, dem, der ab und zu in die Gegend kommt.«

Ich mochte Doris, ihre mitfühlende Art und ihr gütiges Herz. Dass sie zu einem Heiler ging, wusste ich zwar, hatte der Sache aber keine weitere Bedeutung beigemessen. »Nein danke. Wir hatten schon das Vergnügen mit einem, der uns am Telefon die Ohren zugesäuselt hat.«

»Keine Angst, das ist kein Scharlatan. Er kommt aus Manila und leitet dort ein Gesundheitszentrum. Er hat Niko von seiner Skoliose geheilt.«

Ich erinnerte mich. Doris hatte uns von ihren Sorgen mit ihrem Sohn erzählt. Wir hatten damals die Sache nicht weiter verfolgt.

»Bis zu seinem zwölften Lebensjahr war er jede Woche zur Krankengymnastik gegangen, ohne dass Fortschritte zu sehen waren. Und dann haben wir diesen Heiler aufgesucht. Er hat Niko geholfen.«

»Erstaunlich. Und wie hat er das hingekriegt?«

»Mit einer Art psychochirurgischem Eingriff.«

Ich sah Doris fragend an.

»Du musst das selbst erleben, um es zu verstehen, wenn man das überhaupt verstehen kann oder muss. Bereits nach der ersten Sitzung war bei Niko jedenfalls der obere Teil der Wirbelsäule in Ordnung. Der Orthopäde wollte es kaum glauben, als er ihn drei Wochen nach dem Besuch beim Heiler untersuchte. Aber die Röntgenbilder überzeugten ihn. Nach einer weiteren Sitzung ein Dreivierteljahr später zeigte die Wirbelsäule die normale Krümmung. In einem ähnlich gelagerten Fall hat er auch dem Organisator der Heilseminare geholfen. Der hatte 1989 nach einem Unfall einen schweren Bandscheibenvorfall. Er konnte kaum noch ein Glas halten. Die erste Behandlung zeitigte schon so viel Erfolg, dass er sich unmittelbar nach dem Aufstehen problemlos bücken konnte. Die nächsten Sitzungen heilten ihn. Oder die Frau meines Cousins …« Doris war nicht mehr zu bremsen. »Sie hatte lebensbedrohliche Blutfettwerte – 2 000 statt normal 180. Medikamente schlugen nicht an. Drei Wochen, nachdem sie bei dem Heiler gewesen war, brach sie zusammen. Im Krankenhaus stellte man dann fest, dass die Werte so extrem gesunken waren, dass sich kurzzeitig die Bauchspeicheldrüse entzündet hatte. Spezialisten aus ganz Heidelberg hatten sie daraufhin untersucht, weil das so unwahrscheinlich war. Seitdem sind ihre Werte normal.«

»Aber wie macht dieser Heiler das?«, fragte ich ungläubig.

»Tja! Es ist schwer nachzuvollziehen, was da wirklich passiert. Man ist nur wenige Minuten bei ihm. Aber in den meisten Fällen hilft es. Mein Rheuma bin ich auch los dank ihm, nachdem ich jahrelang vergeblich Medikamente dagegen genommen hatte. Alles gelingt ihm jedoch nicht. Meine Anämie hat er bisher erfolglos behandelt.«

»Behandelt er etwa auch Krebs?« Das schien mir nun doch etwas unwahrscheinlich.

»Ja. Ich weiß zumindest konkret von einer Heilung«, meinte Doris nach einigem Überlegen. »Eine Frau, die mit Brustkrebs zu ihm gekommen war, wurde innerhalb von zwei Jahren ohne Operation gesund. Das ist aber wohl eher selten. Nicht bei jedem reicht die Lebenskraft. Denn was er macht, ist Heilung durch Selbstheilung. Er vollbringt keine Wunder.«

»Ist er sehr teuer?«, fragte ich. »Womöglich können wir ihn uns ja gar nicht leisten.«

»100 Euro bei der ersten Behandlung, 75 für jede weitere – und ein Großteil des Geldes fließt in humanitäre Projekte. Er hat eine Organisation gegründet, die in seiner Heimatregion Gemeindegebäude erbaut, Stipendien vergibt und Schulen sponsert. Zusammen mit einer niederländischen Organisation gewährt sie auch Mikrokredite als Hilfe zur Selbsthilfe. Sein Heilungszentrum, die *Pyramide*, ist mittlerweile in ganz Asien und auch Europa berühmt. Aber das alles kannst du auch im Internet nachlesen. Dann weißt du ganz genau Bescheid.«

Als ich Thomas von dem Heiler erzählte, lachte er mich zuerst bloß aus. »Willst du dich nun also doch noch einem Scharlatan ausliefern?«

Meine Schwägerin hatte uns wohl deshalb noch nichts davon erzählt, weil sie wusste, wie Thomas reagieren würde.

»Vielleicht kann er ja doch meine Kopfschmerzen heilen. Es wäre vielleicht einen Versuch wert!« So schnell gab ich nicht auf.

Unsere Internetrecherche schließlich überzeugte Thomas. Ihm war das Ganze zwar nach wie vor etwas suspekt. Aber das, was wir gelesen hatten, klang seriös. Immerhin beriefen sich Physiker und Chemiker auf ihn. Er versuche nichts anderes, als das gestörte Gleichgewicht von Körper, Geist und Seele wieder in Einklang zu bringen, hieß es. Er arbeitete in Halbtrance und nur mit Wasser, etwas Kokosöl und einem Wattebausch. In manchen Fällen machte er mit einem Blatt Papier, das er auf die betreffende Stelle legte, eine Art »Röntgenaufnahme«. Es waren sogar schon Bücher über ihn geschrieben worden. Über seine Herkunft erfuhren wir, dass er als Sohn armer Landpächter in einem kleinen Ort auf den Philippinen geboren worden war. Bereits mit 14 Jahren hätte er andere Menschen zu heilen begonnen, obwohl er sich anfangs gegen diese Fähigkeit gesträubt und eine Zeit lang andere Berufe ausgeübt hätte – bis eine schwere Krankheit ihm bewusst machte, dass seine Mission im Heilen läge.

Mittlerweile ist er als psychochirurgischer Heiler auf den Philippinen sehr anerkannt und wird in vielen Ländern geschätzt. Im Jahr 2000 wurde er für seine humanitären Tätigkeiten mit einem Doktortitel geehrt.

Auch wenn ich nicht so richtig an Gott glaube, als dessen Medium sich dieser Heiler empfindet, so berührte mich doch ein Satz von ihm besonders: »Versuche, in deine Mitte zu kommen, indem du die Gedanken der Dankbarkeit, der Liebe und des Respekts für dich selbst und für andere verstärkst.« Das klang nicht nach einem Scharlatan.

»Er kommt vermutlich im Oktober wieder nach Deutschland«, hatte Doris gesagt. Der Besuch könne mir auf keinen Fall schaden, auch wenn durchaus nicht klar war, ob und wie eine Heilung erfolgte.

Als ich meiner Freundin Barbara von unserer Absicht berichtete, diesen Heiler aufzusuchen, überlegte auch sie, wegen ihrer Plazentareste zu ihm zu gehen. Sie hoffte, damit um eine Operation herumzukommen. Selbst Thomas erwog, dem Heiler sein Knie vorzuführen, das ihn selbst nach zwei Operationen immer noch schmerzte, sobald er sich beim Liegen entspannte. Ich spürte die Folgen jede Nacht, da er unruhig schlief und mir die Bettdecke wegzog, um sie sich zur Entlastung unter sein Knie zu klemmen. Wir gaben so viel Geld für irgendwelchen Unsinn aus, weshalb sollten wir es nicht einmal in unsere Gesundheit investieren. Wenn es nichts brachte, wären wir um 100 Euro ärmer und eine Erfahrung reicher.

»Vielleicht heilt er ja auch meine Unfruchtbarkeit?«, sagte ich am Abend nach dem Gespräch mit Barbara.

Thomas, der am Computer saß, zog mich auf seinen Schoß. »Lassen wir uns überraschen.«

Der Heiler saß hinter einer Pritsche und sah mich an, den Kopf leicht geneigt. Es war ein seltsamer Blick, als sähe er durch mich hindurch, abwesend und emotionslos. Dann kam Leben in sein Gesicht, und mit einer Handbewegung, mit der er längs über die Liege fuhr, gab er mir zu verstehen, dass ich mich hinlegen sollte. Es duftete schwach nach Räucherwerk. Auf einem kleinen Tisch brannte eine Kerze. Sonst war nichts Besonderes in dem Umkleideraum des Motorradclubs zu sehen. Hier würde er hinter einem Paravent an drei Tagen über hundert Besucher behandeln – Männer, Frauen Kinder, Menschen aller Altersgruppen und sozialen Schichten –, viele von ihnen nicht zum ersten Mal. Über eine Stunde hatte ich gewartet, bis ich mit meiner Nummer aufgerufen wurde, hatte einiges Informationsmaterial gelesen, meine Leiden ins Englische übersetzen und auf einen gelben Post-it-Zettel schreiben lassen und mein Geld bezahlt.

Seine Frau nahm meine Hand und führte mich hinter den Paravent. Sie reichte ihrem Mann den gelben Zettel, der ihn auf die Liege klebte. Dann begann er mit der Behandlung. Ich hatte große Angst, die mir weder seine Frau nehmen konnte, deren Hände ich beim Warten vor dem Paravent ein paar Minuten wohltuend auf Brust und Rücken gespürt hatte, noch Thomas, der mich, nachdem er selbst schon bei ihm gewesen war, begleitete. Ich hatte darum gebeten, obwohl es sonst nur bei Kindern und Behinderten üblich ist. Aber mir war die Sache doch plötzlich unheimlicher geworden, als ich mir zuvor eingestanden hatte.

Kaum drei Minuten später saß ich wieder vor dem Paravent. Tränen strömten über meine Wangen. Ich war vollkommen aufgelöst. Dass es mich so mitnimmt, hatte ich nicht erwartet, denn die meisten Besucher hatten den Heiler mit einem ruhigen, gefassten Gesichtsausdruck verlassen. Was mit mir auf der Liege geschehen war, wusste ich nur ungefähr. Ein paar Sekunden lang hatte ich versucht, die Augen offen zu halten, da ich ihn beobachten wollte. Doch das war unmöglich gewesen. Meine Lider hatten sich wie von selbst geschlossen. Vage erinnerte ich mich an einen leichten dumpfen Schmerz, als der Heiler an meinem Unterleib hantierte. Als würde er mit seinen Fingern darin kneten. Ich schaute auf meinen Bauch. Eine Narbe, von der andere berichteten, entdeckte ich allerdings nicht.

Später, als ich mich wieder etwas beruhigt hatte, erzählte mir Thomas, wie er vorgegangen war: »Zuerst legte er dir kurz die rechte Hand auf Kopf und Brust und dann ›griff‹ er in deinen Bauch, die ganze Hand verschwand darin. Zumindest sah es so aus. Es gab ein schmatzendes Geräusch, dann hielt er einen blutigen Wattebausch und ein Stück, einer Hühnerleber ähnlich, in der Hand, das er offensichtlich aus deinem Bauch herausgeholt hatte. Anschließend legte er wieder die Hand auf Bauch und Herz. Aber da begannst du schon heftig zu weinen. Ich hörte noch sein ›*Come back*‹, und damit war die Sitzung beendet.«

Come back hieß, dass die Behandlung noch nicht abgeschlossen war, ich also am nächsten Tag wiederkommen sollte. Erst wenn er »*See you again*« sagte, galt die Heilung für dieses Mal als abgeschlossen.

Bei Thomas war die Behandlung ähnlich abgelaufen, nur dass er nicht wiederkommen musste. Der Heiler hatte ihm die Hand zuerst auf den Kopf, dann auf sein krankes Knie gelegt, aus dem er anschließend mit zwei Fingern ein blutiges Stück herausholte. Damit war die Sitzung beendet. Thomas bezweifelte allerdings, dass es sein Blut war, das er da gesehen hatte. Aber das war ihm egal. »Vielleicht brauchen das manche, um besser daran glauben zu können«, meinte er und blieb skeptisch, ob diese seltsame Prozedur ihm helfen würde. Auf einem der Informationszettel hatte gestanden, dass es drei Wochen dauern könnte, bis sich der Heilerfolg – wenn überhaupt – einstellt. Manchmal geht es schneller, bei einigen dauerte es einige Monate. In dieser Zeit würde man sich wie nach einer Krankheit fühlen und sollte sich entsprechend schonend verhalten: möglichst keinen Alkohol trinken, nicht oder kaum rauchen, kein rotes Fleisch essen und sich so oft, wie der Körper es verlangt, hinlegen. Außerdem sollte man in dieser Zeit möglichst nicht mit anderen über das Erlebnis reden, die Heilenergie verflüchtige sich sonst.

Am nächsten Tag gingen wir wieder hin. In der Nacht hatte Thomas wie immer Schmerzen in seinem Knie gespürt. Ich hatte Alpträume gehabt und sehr schlecht geschlafen. Meine Kopfschmerzen waren sogar noch schlimmer geworden. Abends hatte ich mit Barbara gesprochen, die bei der Behandlung zusammengebrochen war. Der Heiler, der in Manila normalerweise vor aller Augen heilte, hatte das in ihrem Falle ebenfalls einmal vorführen wollen. Doch kurz, nachdem er begonnen hatte, war Barbaras Blutdruck so stark abgesunken, dass er die Sitzung abbrechen musste. Ich hatte mir große Sorgen um sie gemacht. War aber zu sehr mit mir selbst beschäftigt gewesen, um mich um sie kümmern.

»Es geht mir schon besser«, beruhigte Barbara mich. »Er hat mich am Nachmittag noch einmal allein zu sich geholt und die Behandlung beendet. Ich habe ein gutes Gefühl und bin sehr gespannt, ob es was gebracht hat. In zwei Wochen ist mein nächster Termin beim Frauenarzt. Wenn es nichts geholfen hat, lasse ich mich operieren.«

Konnten wir dem Heiler wirklich vertrauen? Diese Erfahrung war so seltsam und befremdlich und mit nichts vergleichbar. Ich wusste nicht, was stärker in mir arbeitete, mein Misstrauen, meine Angst oder die Hoffnung, dass all das einen Sinn hat.

»Hab Geduld und glaub an dich und deine Heilung«, sagte Doris, als sie sich nach meinem Befinden erkundigte und meine Zweifel spürte.

Die zweite Behandlung verlief fast identisch wie die erste. Nur dass ich dieses Mal noch mehr weinte. Es war eine Flut von Tränen, die von ganz tief innen kam und sich Bahn brach. Beim Abschied überraschte uns der Heiler. Er stand extra auf, wölbte seine Hände in großem Bogen über seinen Bauch und sagte mit einem Lächeln: »*Next year*!« Offensichtlich meinte er damit eine Schwangerschaft. Ich hatte es in meinem aufgewühlten Zustand kaum wahrgenommen. Doch Thomas wiederholte es in den nächsten Tagen immer wieder: »*Next year*, Birgit, *next year*!« und lachte dabei. Er machte sich einen Spaß daraus, da er nicht so ganz an die Worte des Heilers glaubte. Mir war das Lachen vergangen, denn mein Kopf dröhnte vor Schmerz und an eine Schwangerschaft wagte ich erst recht nicht zu glauben.

»Hat er mein Schleudertrauma überhaupt behandelt?«, fragte ich Thomas. Er hatte nichts von einem Eingriff am Nacken erzählt.

»Nicht dass ich wüsste«, meinte Thomas. »Außer dass er dir die Hand auf die Stirn gelegt hat, habe ich nichts weiter gesehen.«

Ich fühlte mich so elend, dass ich schon zu bereuen begann, den Heiler aufgesucht zu haben. Verzweifelt sank ich in mein Bett und schlief mehr oder weniger das ganze Wochenende durch.

Ich glaube nicht an Wunder. Aber am Montag waren die Kopfschmerzen weg, und sie sind seitdem auch nicht wiedergekommen. Um ganz sicherzugehen, suchte ich meinen Orthopäden auf – und tatsächlich: Auf den Röntgenbildern, die zuvor die Verschiebung des dritten Halswirbels deutlich gezeigt hatten, war nichts Ungewöhnliches mehr zu erkennen. Auch Thomas hatte nach einer Woche keine Beschwerden im Knie mehr. In der Nacht schlief er ruhig. Was in zwei schulmedizinischen Operationen nicht gelungen war, hatte er mit einer Sitzung geschafft. Allein, dass er nach wie vor nachts die Bettdecke von seinem Bein schiebt, ist ihm geblieben.

Barbara wurde ebenfalls geheilt. Als ihr Gynäkologe beim nächsten Termin wie üblich Ultraschall machte, traute er seinen Augen kaum: Die Plazentareste waren verschwunden. Wir versuchten gar nicht erst zu verstehen, was mit uns geschehen war. Auf rationaler Ebene ist das nicht erklärbar. Er hatte uns – oder wir hatten uns – dank seiner spirituellen Kraft helfen können. Das allein zählte.

Dennoch fragte ich mich, was passiert wäre, wenn er an jenem Sonntagabend die Heilung nicht hätte beenden können, denn er blieb, da er keine offizielle Gewerbegenehmigung besaß, nie länger als ein Wochenende. Ich konnte mir vorstellen, dass dies durchaus nicht selten vorkam. »Das Risiko muss man leider in Kauf nehmen«, sagte mir Doris. »Und die Behandlung eben beim nächsten Besuch, ein Vierteljahr später, fortsetzen. Manche sehr schwer Kranken fahren ihm auch nach an seine nächsten Aufenthaltsorte, um keine allzu langen Pausen entstehen zu lassen.«

Von meinen Kopfschmerzen hatte mich der Heiler befreit. Ob er auch meine Unfruchtbarkeit geheilt hatte, würde sich zeigen. Viel Hoffnung hatte ich nicht. Ich spürte nur, dass es nicht mehr endlos so weitergehen konnte wie bisher, dass ich mir ein Limit setzen musste. Meine seelische wie körperliche Erschöpfung war inzwischen größer als die Angst davor, was danach mit uns geschähe.

»Noch ein Jahr halte ich durch«, sagte ich zu Thomas. Er hatte gerade seine Suzuki wieder ins Wohnzimmer geholt und polierte sie für den Winterschlaf. »Entweder es klappt mit einem Kind oder ich gebe auf.« Ich wusste, dass Thomas dieser Entschluss noch schwerer fallen würde als mir. »Ist das okay für dich?«

Thomas ließ den Putzlappen sinken und schaute vor sich hin. Nur einen Moment lang, aber dieses Zögern kam mir wie eine Ewigkeit vor. Dann sah er mich mit einem Blick an, bei dem ich das Gesagte fast bereute. »Vielleicht hast du Recht, Schatz. Irgendwann muss man wohl einen Schlusspunkt setzen.« Seine Stimme zitterte leicht dabei, wie bei einem Abschied, bei dem man nicht weiß, ob man den anderen wiedersieht. »Es ist okay; 2003 wird das Jahr der Entscheidung.«

KAPITEL 15

Die letzte Hoffnung

An eine spontane Schwangerschaft glaubte ich auch nach dem Besuch bei dem Heiler nicht. Wir wollten es weiter mit künstlichen Befruchtungen versuchen. Thomas plädierte sehr für die Behandlung in Österreich. Die hohe Erfolgsquote ließ ihn immer wieder darauf zurückkommen, obwohl er wusste, dass ich nicht sehr begeistert von der Vorgehensweise war. Schließlich überzeugte er mich. Wenn wir schon aufgeben, sollten wir vorher alle Möglichkeiten ausgeschöpft haben. Allerdings war die Kostenübernahme für eine IVF in Bregenz nach wie vor ungeklärt. Bisher hatten wir keinen positiven Bescheid von unserer Krankenkasse bekommen, im Gegenteil, Österreich war zum zweiten Mal abgelehnt worden. Ende Oktober 2002 legten wir erneut Widerspruch ein. Als Alternative für Österreich fassten wir die Deutsche Klinik in Bad Münder, wo Doktor Breitbach praktizierte, ins Auge. Immerhin kannte mich Doktor Breitbach ein wenig aus meinen E-Mails und hatte auch die Dokumentation *Wunschkinder* verfolgt. Ich würde ihm also nicht mehr die ganze Geschichte erzählen müssen.

Mein erster Anruf scheiterte kläglich: »Herr Doktor Breitbach ist leider in einer Besprechung«, flötete eine Sprechstundenhilfe. »Versuchen Sie es später noch einmal.« Zweimal wiederholte sich das, jedes Mal wimmelte mich eine andere Dame ab, da ich ja keinen Termin haben wollte, sondern nur ein Beratungsgespräch. Schließlich sagte ich einfach, dass ich den Doktor privat sprechen möchte. Es war wohl die einzige Möglichkeit, diesen viel beschäftigten Mann ans Telefon zu bekommen, denn er meldete sich sofort. Allerdings wurde es wieder nichts mit einem ausführlichen Gespräch, da er tatsächlich in einer Beratung war. Er sagte nur knapp: »Ich rufe Sie in zehn Minuten zurück, Frau Schork«, und legte auf.

Geduldig wartete ich auf seinen Anruf. Doch aus den zehn Minuten wurden zwanzig, und ich dachte schon, er hätte mich vergessen, da klingelte das Telefon.

»Doktor Breitbach hier.« Er entschuldigte sich sogar, dass es so lange gedauert hatte. Das gefiel mir. Der Mann hat Umgangsformen, dachte ich.

Über eine Stunde nahm er sich Zeit für mich. Knapp erzählte ich ihm noch einmal alle Behandlungen, die ich bisher über mich hatte ergehen lassen.

»Sie haben wirklich nie verhütet?«, fragte er.

»Nur bis ich 18 war, und immer unregelmäßig«, antwortete ich. »Ich vertrage die Pille nicht. Ich habe zig Sorten ausprobiert und nur Probleme damit gehabt. Und eine Spirale, so einen Fremdkörper, wollte ich auch nicht in mir haben. Außerdem war es ja schon damals mein Wunsch, schwanger zu werden. Sie werden es kaum glauben, aber ich habe noch nie ein Kondom in der Hand gehabt.«

Wir lachten beide, und ich spürte, dass ich ihm vertrauen konnte.

Mein Überstimulationssyndrom beschäftigte Doktor Breitbach besonders, denn er erkundigte sich detailliert nach allen bisherigen Untersuchungen. An seinen Fragen merkte ich, dass er sehr genau zuhörte und dass ihn mein Fall zu interessieren schien.

»Gibt es noch etwas, was bisher nicht probiert worden ist?«, fragte ich ihn.

»Eigentlich nicht. Aber ich lasse mir die Sache einmal durch den Kopf gehen.«

Ich wäre am liebsten gleich nach Bad Münder gefahren. Doch Thomas war nach wie vor dafür, es zuvor in Bregenz zu versuchen. »Wir können ja nach Österreich immer noch zu Breitbach gehen.«

Ich war plötzlich ungeduldig – aber auch unsicher, ob uns weitere Versuche überhaupt noch vergönnt waren. Wenn uns die Krankenkasse im Stich ließe und Bregenz nicht bezahlte, kämen immense Kosten auf uns zu. Womöglich müssten wir dann unseren Bausparvertrag auflösen.

Birhan sprach mir Mut zu: »Hab Vertrauen, Birgit. Es wird alles so kommen, wie es soll. Du kannst jetzt eh nichts anderes machen.«

Recht hatte sie. Und doch belastete mich die Ungewissheit. Aber als noch quälender empfand ich meine Ambivalenz in Bezug auf Österreich.

Ein paar Wochen später erhielten wir Post von unserer Krankenkasse. Thomas und ich atmeten auf. »Wir werden die Kosten für drei weitere IVF-Behandlungen in der Deutschen Klinik Bad Münder an Stelle der Universitäts-Frauenklinik Heidelberg übernehmen«, hieß es. Sofern die IVF in Bad Münder nicht zur Schwangerschaft führte, würden sie einer Kostenerstattung zu den Inlandssätzen für eine Behandlung in Bregenz zustimmen.

Thomas jubelte: »Im nächsten Zyklus fahren wir nach Österreich. Wir können sicher bei Maria und Mathias wohnen. Weißt du noch? Sie haben uns das damals angeboten, als sie uns nach der Ausstrahlung von *Wunschkinder* schrieben.«

Ich nickte und hatte doch gemischte Gefühle dabei. Irgendetwas stimmte für mich nicht.

Eines Morgens saß ich im Bett und weinte bitterlich. Ich hatte kaum geschlafen, in meinem Kopf herrschte Chaos. Ich spürte, dass es mir unmöglich war, nach Bregenz zu gehen. Schon bei dem Gedanken daran geriet ich in Panik, zitternd vor Angst, mich könnte die Behandlung dort umbringen. Hatte nicht Birhan immer wieder von Frauen berichtet, die durch Überstimulation in Lebensgefahr schwebten? Ich hing an meinem Leben. Aber wie sollte ich meine geänderte Meinung Thomas beibringen. Er setzte so große Hoffnungen auf Österreich, und ich wollte ihn nicht enttäuschen.

»Was ist denn mir dir los?«, fragte Thomas irritiert, als er aufwachte und mich schluchzen hörte.

»Nichts. Ich bin nur ein wenig erschöpft.« Ich konnte es ihm einfach nicht sagen. Vielleicht waren es ja nur Hirngespinste nach durchwachter Nacht, die bei klarem Verstand wieder verfliegen würden.

»Sicher?«

»Sicher.« Ich putzte mir die Nase und versuchte, gleichmütig auszusehen. »Du kennst mich doch. Manchmal überkommt es mich einfach.«

Doch die Tränen liefen weiter. Thomas, der sich nach einem besorgten Blick auf die Seite gedreht hatte, schien wieder einzuschlafen.

Ich dachte daran, wie er sich bei der Nachricht über die Zusage für Österreich gefreut hatte und fühlte mich plötzlich so einsam und allein gelassen, dass ich wie ein Kind laut aufheulte. Thomas schreckte hoch. Er war nun doch ernstlich beunruhigt und nahm mich in den Arm. »Also, was ist los? Komm, spuck es aus und dann sehen wir weiter!«

»Es ist nix«, versuchte ich, weiterhin tapfer zu sein. Ich war mir ja selbst nicht sicher, ob ich nicht einfach nur hysterisch reagierte.

Aber nun ließ Thomas nicht mehr locker. »Irgendetwas stimmt nicht mit dir. Hast du wieder Schmerzen? Ist es wegen deinem Vater?«

Ich schüttelte den Kopf. Thomas wusste, dass er nun warten musste und streichelte mich so lange, bis ich endlich mit der Wahrheit herausrückte: »Schatz, ich kann nicht nach Österreich gehen. Ich habe zu große Angst. Auch wenn du das vielleicht nicht verstehst und es auch keinen rationalen Grund dafür gibt. Ich kann es einfach nicht.«

Thomas überlegte einen Augenblick. »Ist es wegen der Stimulationspläne?«

Ich nickte.

»Verstehe. Ist schon okay.« Seine Hand fuhr die Konturen des Skorpions auf meiner Brust nach. »Ich kann dich ja nicht dazu zwingen.«

Erleichtert atmete ich auf. »Vielleicht überlege ich es mir ja auch noch einmal, falls es in Bad Münder nicht klappen sollte.« Plötzlich fühlte ich mich wieder mutig genug. »Aber danach sollten wir endgültig Schluss machen.«

»Es ist deine Entscheidung«, sagte Thomas. »Meinen Samen in irgendeinem Kämmerchen in einen Becher zu geben, ist einfach. Du trägst die größere Last. Also entscheide, womit du dich glücklicher fühlst.«

Wie hatte ich nur einen Moment daran zweifeln können, dass er mich verstehen würde? Thomas wischte mit dem Bettzipfel meine Tränen ab und drückte mich an sich. Wenn doch alles so einfach wäre wie unsere Liebe, dachte ich.

Gleich am nächsten Tag rief ich Doktor Breitbach an. Noch einmal traute ich mich nicht, ihn »privat« sprechen zu wollen, und es kostete mich einige Überzeugung und Geduld, bis ich ihn endlich am Telefon hatte.

»Haben Sie sich die Sache mit mir durch den Kopf gehen lassen?«, fiel ich mit der Tür ins Haus.

»Natürlich. Ich habe an nichts anderes denken können!«, sagte Doktor Breitbach leicht amüsiert, sodass wir beide lachen mussten.

»Ist es nicht aussichtslos?«

»Ich habe da so einige Ideen, aber die müssten wir hier in meiner Klinik einmal in Ruhe besprechen.«

»Sie würden mich also als Patientin nehmen?«

»Wieso nicht? Wissen Sie, das ist eine Herausforderung für mich. Sie und Ihr Mann sind dank der ZDF-Serie mittlerweile ein bekannter Fall. Wenn es mir gelingt, Ihnen zu einem Kind zu verhelfen, wäre das sensationell.«

Dem war allerdings so, und er hätte danach sicher viele neue Kunden in seiner Praxis. Ich gönnte es ihm von Herzen, denn schon nach den wenigen Gesprächen war er mir sehr sympathisch.

Bevor wir nach Bad Münder fuhren, trafen wir zwei Entscheidungen: Nach der Punktion wollten wir keine befruchteten Eizellen mehr einfrieren lassen. Da bei den bisherigen IVFs so viele Kryos nach dem Auftauen degenerierten und wir dafür einige Tausend Euros umsonst bezahlt hatten, gingen wir das Risiko nicht mehr ein. Alles oder nichts.

Außerdem würden wir niemandem von unserem nächsten Versuch erzählen. Ich hatte die Fragen satt, welche Hormone ich gerade nähme, ob es denn diesmal geklappt hätte und wann wir die nächste IVF starteten. Selbst Birhan, mit der ich bisher alles beredet hatte, die alle meine Sorgen und kleinen Geheimnisse kannte, verschwieg ich, dass wir nach Bad Münder fuhren. Wir sagten einfach allen, dass wir im Moment nichts mehr unternehmen würden, und hielten es in der Schwebe, ob wir vielleicht sogar für immer aufhörten.

Birhan zu belügen fiel mir besonders schwer. Sie hatte bisher schon drei vergebliche künstliche Befruchtungen hinter sich, und da sie auch insgesamt zögerlicher war in ihren Unternehmungen, so war ich für sie in eine Art Vorreiterrolle gerutscht. Dass wir womöglich aufhören wollten, konnte sie einfach nicht glauben. Dafür kannte sie mich wahrscheinlich zu gut. Jedes Mal, wenn sie nachfragte, sagte ich: »Nein, Birhan, wir unternehmen wirklich nichts mehr.« Sie zog sich dann zurück, da sie mit diesem Vertrauensverlust nicht zurechtkam. Ich verstand das, sagte ihr aber trotzdem weiterhin nichts. Es sollte allein Thomas' und mein Geheimnis bleiben.

Anfang November fuhren wir nach Bad Münder, das 50 Kilometer von Hannover entfernt liegt. Es war zu weit, um an einem Tag hin und zurück zu fahren. So verbanden wir den Arzttermin mit einem Besuch bei unseren Freunden Petra und Peter. Sie sind um einiges älter als wir, und ihre Kinder sind schon erwachsen. Peter war vor seinem Ruhestand beim ADAC, Petra arbeitet noch in einem Büro. Ich kenne die beiden seit meiner Kindheit. Wie meine Mutter und ich hatten sie häufig in Icici Urlaub gemacht. Da ich sie sehr mochte, hatte ich den Kontakt all die Jahre über gehalten. Wenn ich sie brauchte, waren sie immer für mich da gewesen. Wir haben sie hin und wieder besucht, und dann gab es jedes Mal Grünkohl und Pinkel, mein Leibgericht. Das lag zwar furchtbar schwer im Magen und war ohne einen Korn danach kaum zu verdauen, aber ich liebte es und freute mich jedes Mal darauf. Peter und Petra waren die Einzigen, denen wir von unserem Versuch bei Doktor Breitbach erzählten. Das ließ sich nicht vermeiden, und bei ihnen machte es mir auch nichts aus. Außerdem würden wir im Laufe der Behandlung sicher noch häufiger bei ihnen übernachten.

Am nächsten Morgen saßen wir bereits vor Sonnenaufgang in der Klinik von Doktor Breitbach. Das Gebäude war fast gänzlich aus Glas, sehr modern eingerichtet und offensichtlich erst einige Jahre zuvor erbaut worden. Neben der Klinik sahen wir ein Nebengebäude mit kleinen Apartments für die Übernachtungsgäste. Sie sahen zwar schick aus, aber ich war froh, dass wir Quartier bei unseren Freunden hatten. Da fühlte ich mich bei all meiner Aufregung besser aufgehoben.

Doktor Breitbach nahm sich Zeit für uns. Sein im Vergleich zur riesigen Eingangshalle recht kleines Büro war eher nüchtern eingerichtet. Auffallend wirkte nur sein Schreibtisch aus Granit. An den Wänden hingen keinerlei Poster wie sonst oft üblich in Praxen. Doktor Breitbach sah gut aus, war groß und hatte eine starke, angenehme Ausstrahlung. Sein Alter ließ sich schwer schätzen. Er hatte zwar bereits einige graue Haare, aber ich glaubte dennoch, dass er erst knapp vierzig war. Er ging sehr einfühlsam mit uns um, seine Fragen waren diskret, und doch hatte man immer das Gefühl, ihm alles erzählen zu können. Er fragte zum Beispiel nach, ob unsere Ehe stimmte, ob es vielleicht psychische Blockaden geben könnte.

»Nicht dass ich wüsste«, antwortete ich. »Thomas stand immer hinter mir. Klar streiten wir uns, wenn die Hormone in mir verrückt spielen. Da bin ich ihm auch schon mal an die Gurgel gegangen. Aber er kann das zum Glück einordnen.

Und wenn es mir nach einem Negativbescheid schlecht ging, hat er mich immer wieder aufgebaut.« Ich glaubte wirklich nicht an irgendein psychisches Problem zwischen uns.

Doktor Breitbach nickte lächelnd und meinte, er hätte diese Verbundenheit auch bei der Ausstrahlung von *Wunschkinder* gespürt. »Nein, daran liegt es wohl nicht. Aber woran dann? Auf jeden Fall müssen wir die Schleimhaut der Gebärmutter verbessern, denn ich denke, dass da der Hase im Pfeffer liegt. Nun, wir werden sehen.«

Sein Stimulationsplan wich in einigen Punkten von den bisherigen ab. Zuerst sollte ich sechs Wochen lang die Antibabypille nehmen. Anschließend sah er das so genannte »Antagonisten-Protokoll« vor. Das heißt, die Stimulation erfolgt dabei zunächst in einem »natürlichen Zyklus«. Der Eisprung wird erst ganz zum Schluss mit schnell wirkenden Medikamenten, so genannten GnRH-Agonisten, unterdrückt. Bei den schwierigen Patientinnen mit einem PCO-Syndrom, die wie ich Zysten beziehungsweise zu viele Follikel produzieren, sei damit die Stimulation besser steuerbar.

»Das hat für Sie folgenden Vorteil«, erklärte Doktor Breitbach, »die Eierstöcke funktionieren durch die späte Downregulation zunächst unbeeinträchtigt. Deshalb kann ich die Hormongabe sehr niedrig dosieren und die überschießende Follikelbildung wird gebremst. Wenn wir Glück haben, vermeiden wir damit Ihre Überstimulation.«

Das klang ermutigend. Was ich allerdings recht seltsam fand, war sein Vorschlag, parallel dazu Viagra zu nehmen.

»Viagra?« Thomas lachte laut auf.

Ich sah mich schon wie ein Bulle durch die Gegend laufen. »Verwechseln Sie da nicht vielleicht was?«, fragte ich vorsichtshalber nach.

»Keine Angst.« Doktor Breitbach lehnte sich mit einem zuversichtlichen Grinsen zurück. Doch dann wurde sein Ton wieder sachlich. »Es gibt Erfahrungen, dass der Wirkstoff bei Frauen durch eine stärkere Durchblutung die Schleimhautdicke verbessert. Stickstoffoxyd entspannt die glatte Muskulatur der Blutgefäße und ist auch in der Gebärmutter nachgewiesen worden. Viagra unterstützt diegefäßerweiternde Wirkung des Stickstoffoxyds. Vor zwei Jahren erhielten innerhalb einer Studie 105 Frauen unter 40 Jahren mit schlechter Schleimhaut, die mindestens zwei erfolglose IVF-Behandlungen hinter sich hatten, 25 Milligramm Viagra viermal täglich in Form von Vaginalzäpfchen verabreicht. Insgesamt 70 Prozent dieser Frauen hatten anschließend eine Schleimhauthöhe von mehr als neun Millimetern, sieben Millimeter wird als Untergrenze angesehen. Die Schwangerschaftsraten dieser Frauen waren anschließend annähernd im altersgemäßen Normbereich. Wenn die Frauen allerdings zuvor zu Gebärmutterentzündungen neigten, trat dieser Effekt nicht ein. Aber das war ja bisher nicht der Fall bei Ihnen.«

»Lassen wir uns überraschen!« Thomas sah mich leicht kritisch an. »Viagra bei meiner Frau! Als wäre es nicht schon aufregend genug mit uns. Nicht dass du dann die Hosen anhast in der Familie!«

Ich verkniff mir lieber eine Antwort, da dies hin und wieder ein wunder Punkt in unserer Beziehung war.

»Alles Weitere besprechen wir dann beim nächsten Kontrolltermin«, beendete Doktor Breitbach unser Treffen. Als wir uns verabschiedeten und er meinen skeptischen Blick sah, strahlte er mich an: »Haben Sie Vertrauen, Frau Schork, oft führen gerade ungewöhnliche Wege zum Ziel.«

Mit rauchenden Köpfen fuhren wir wieder zurück nach Dielheim.

Dieser Doktor Breitbach ist ja noch optimistischer als mein Thomas, dachte ich verwundert.

KAPITEL 16

Alles oder nichts

Sechs Wochen lang nahm ich die Antibabypille, die das letzte Mal mehr als ein Dutzend Jahre zuvor auf der Badkonsole gelegen hatte. Die anschließende Blutung, die kurz vor Silvester einsetzte, war extrem heftig und schmerzhaft. Den Jahreswechsel verbrachten wir seit Langem mal wieder allein. Ich war froh darüber, denn wie jedes Jahr überfiel mich die Erinnerung an meine erste Fehlgeburt. Würde ich dieses Mal verschont bleiben? Kurz vor Mitternacht gingen wir mit unseren Sektgläsern vor die Tür unseres Hauses.

»Auf ein Neues!«, sagte Thomas zu mir und küsste mich zärtlich auf den Mund. Seine Stimme klang fröhlich, und seine Augen leuchteten. Unwillkürlich dachte ich: Wird es im nächsten Jahr noch genauso fröhlich klingen, wenn wir unseren Kinderwunsch vielleicht für immer begraben mussten, und das neue Jahr keinen neuen Versuch, keine Erwartungen auf das Glück eigener Kinder mehr bedeutete? Angst schnürte mir die Kehle zu.

»Auf das Jahr der Entscheidung«, sagte ich leise und stieß mit ihm an. Im selben Moment explodierten am Himmel die Feuerwerkskörper – bunt und schillernd wie ein leicht hingeworfenes Versprechen.

Mittags hatte ich mit der Stimulation begonnen. Thomas spritzte mir eine Ampulle Menogan, gemischt mit 150 Einheiten Gonal F. Auch das war neu für mich. Bisher hatte ich die Hormone immer getrennt bekommen. Außerdem schluckte ich zum Aufbau der Schleimhaut ebenfalls täglich Aspirin 100. Und vor dem Schlafengehen führte ich mir das Viagrazäpfchen ein. Es war nicht einfach gewesen, das Medikament in Zäpfchenform zu erhalten, da es Viagra in der Regel nur als Tabletten gab, die wegen des darin enthaltenen Farbstoffs beim Einführen in die Vagina aber Entzündungen hervorrufen können. Erst nach einigem Suchen fanden wir einen Apotheker, der zu der Umwandlung der Tabletten in der Lage war. Ein paar Tage später besaßen wir 42 Zäpfchen. Kosten: 350 Euro, die zum Glück die Krankenkasse übernahm. Später, nachdem sich unser Vorgehen in unserer Kleinstadt herumgesprochen hatte, war unser flexibler Apotheker um einige Viagrakunden reicher.

Wir telefonierten fast täglich mit Doktor Breitbach, dem wir die Befunde meines Gynäkologen über die Eizellenreifung weitergaben. Wie vermutet, vertrug ich die Stimulation einigermaßen gut. Ich war froh, dass Doktor Breitbach nicht standardmäßig vorgegangen war, sondern die Vergabe ganz individuell auf meinen Körper abgestimmt hatte. Das bewährte sich nun.

Als ich mich am 5. Januar 2003, es war ein Sonntag, wieder in Bad Münder vorstellte, waren auf dem Ultraschallbild genügend Eizellen zu sehen. Der Arzt war zufrieden. Zehn Follikel auf jedem Eierstock hatte ich inzwischen gebildet. Damit der Eisprung nicht zu früh einsetzte, sollte ich nun Orgalutran nehmen. Wir übernachteten wieder bei unseren Freunden, und ich wurde mit Grünkohl und Pinkel verwöhnt. Alles schien nach Plan zu verlaufen.

»Es ist so weit«, meinte Doktor Breitbach am Montag. »Spritzen Sie morgen Abend gegen 22 Uhr das Pregnisin. Alles klar, Frau Schork?«

Ich nickte wie eine Schülerin. Sein zuversichtlicher Ton nahm mir alle Ängste. »Bis übermorgen zur Punktion.« Ich lächelte. Mittlerweile spürte ich ein schwaches Ziehen im Bauch.

Doktor Breitbach führte den Katheter, der an dem penisförmigen Ultraschallgerät befestigt war, in meine Vagina ein. Ich war narkotisiert und spürte nichts. Er saugte 22 Eizellen ab und gab sie zu Thomas' Samen in die Nährlösung. Einen Tag später erfuhren wir, dass sich 16 der Eizellen befruchten ließen. Doktor Breitbach wusste von unserem Entschluss, dass wir keine Pronukleuszellen einfrieren wollten, fragte aber vorsichtshalber noch einmal nach: »Sind Sie sich da ganz sicher?«

»Ja, wir möchten definitiv keine Kryos mehr haben«, wiederholte ich.

Doktor Breitbach zögerte einen Moment. Er schien zu überlegen, ob er uns nicht noch überzeugen sollte. Immerhin setzten wir alles auf eine Karte und vergeudeten wertvolles ›Material‹. »Also tatsächlich, alles oder nichts?«

»Genau. Suchen Sie die drei schönsten Zellen aus, und den Rest verwerfen Sie.« Ich war mir absolut sicher.

Resigniert schüttelte der Arzt den Kopf. »Okay, ich werde mein Bestes tun.«

Zum Transfer übernachteten wir nicht bei unseren Freunden. Frühmorgens fuhren wir in Dielheim los und waren gegen Mittag in Bad Münder.

Ein Arzt brachte uns ins Labor. »Hier, Sie können sich Ihre Embryos schon mal ansehen, bevor wir sie einsetzen.«

Eine Laborantin zeigte uns lächelnd drei Fotos. Die Teilungen sahen hervorragend aus. Es waren Siebenzeller und Achtzeller, zwei davon A-Klasse, einer B-Klasse.

»Damit die Embryos sich besser einnisten können, haben wir sie *gehatcht*, das heißt, mit einem Laser angeritzt«, erläuterte man uns. Auch das war neu. Damit sollte ihr Schlüpfen aus der Hülle erleichtert werden.

»Kommen Sie.« Der Arzt führte uns in ein mit Vorhängen abgedunkeltes Zimmer, in dem eine kleine Lampe angenehmes Licht verbreitete. Aus einem Radio tönte leise Musik. Ich kletterte auf den Behandlungsstuhl, und eine Schwester legte eine weiche Decke über mich und stellte uns etwas zu trinken hin. Zum ersten Mal fror ich nicht. Entspannt schloss ich die Augen. Wie oft hatte ich bisher auf den Behandlungsstühlen, wo ich meinen Unterleib nackt der meist kühlen Raumluft preisgab, vor Kälte gezittert, war mein Blick von Neonlichtröhren geblendet gewesen. Und nun sorgten kleine, eigentlich selbstverständliche Dinge dafür, dass ich mich zum ersten Mal wohl fühlte beim Transfer.

Wir fuhren noch am selben Tag wieder nach Hause. Nach dem Übertragen der Embryos und einer Infusion gegen die Wasseransammlung im Bauch hatte ich noch eine Stunde liegen müssen.

»Halt beim nächsten Burger King an«, sagte ich auf der Autobahn zu Thomas. »Meine Babys brauchen was zu futtern.« Ich hatte große Schmerzen im Unterleib, der von der Punktion immer noch angeschwollen war. Dennoch lächelte ich und schaute auf die Fotos der Embryos, die ich wie ein Skatblatt in der Hand hielt. Ich konnte mich gar nicht satt sehen an ihnen. »Wer von euch wird es wohl schaffen?«, fragte ich und klappte sie auseinander.

Thomas tippte blindlings auf eines der drei: »Das hier. Oder nein, die beiden!«, und schob zwei der Bilder zusammen.

»Nein, die beiden«, sagte ich und zog das eine der beiden übereinander gelegten Fotos mit dem beiseite geschobenen heraus.

»Quatsch, die hier beißen sich fest«, widersprach Thomas und zupfte die beiden äußeren Bilder heraus. Da er einen Moment lang nicht auf die Straße geschaut hatte, begann der Wagen etwas zu schlingern.

»He, pass auf!«, rief ich lachend, »sonst sehen wir unsere Babys zum ersten Mal im Himmel!«

Thomas streichelte mein Knie. »Der liebe Gott sorgt dafür, dass die Richtigen durchkommen. Vielleicht ja sogar alle drei?«

Mir wurde etwas mulmig bei dem Gedanken. Es kommt, wie es kommt, dachte ich und atmete tief durch. Erst einmal können wir froh sein, wenn es überhaupt klappt.

Zu Hause verwöhnte mich Thomas. Er drehte die Heizung weit auf, massierte mir liebevoll die Füße und kraulte mir den Rücken. Er hätte gern mit mir geschlafen. Ich spürte es.

»Halt noch zwei Wochen durch«, sagte ich sanft, »dann sind die Schmerzen vorbei.«

Seit Wochen waren wir enthaltsam. Gegen Ende der Stimulation hatten wir mit dem Sex aufgehört, da jede Erschütterung meiner apfelsinengroßen Eierstöcke, die auch nach der Punktion erst allmählich schrumpften, wehtat. Stattdessen schauten wir immer wieder auf die Fotos und spekulierten, welcher unserer drei Embryos es wohl schaffen würde.

Ich hatte nicht vor, mich in den Tagen nach dem Transfer zu schonen. Auch das gehörte zu meinem Alles-oder-nichts!-Prinzip. Ich putzte Fenster, kletterte auf Leitern und brachte Vorhänge an, sogar Cola-Kästen schleppte ich durch die Gegend.

Thomas war fassungslos: »Du willst wohl die Babys wieder loswerden, was?«

»Ich habe mich die ganzen letzten Male geschont«, wehrte ich seine Vorwürfe ab. »Und, hat es was gebracht? Entweder sie bleiben oder sie bleiben nicht. Wenn es die Richtigen sind, halten sie das aus!«

»Du bist verrückt.« Er hatte wirklich Angst. »Vergiss nicht, dass es das letzte Mal ist«, sagte er leise.

O nein, das hatte ich nicht vergessen. »Eine normal Schwangere weiß in den ersten Wochen auch nicht, wie es um sie steht, und macht alles Mögliche, was einen Abort hervorrufen kann, also überlass das mir. Es ist mein Körper und ich muss damit umgehen.«

Auch wenn Thomas mich nicht verstand – und er hatte sehr große Mühe damit –, ich ließ mich auf keine Diskussion mehr ein. Allerdings sah ich zu, dass ich mich in seiner Gegenwart etwas vorsichtiger bewegte.

Mir ging es in dieser Zeit auch gar nicht so schlecht. Das einzige Problem war für mich, dass ich wegen des Wassers, das sich im Bauch bildete, drei Liter am Tag trinken sollte. Da ich generell wenig Flüssigkeit zu mir nehme, war das ein Horror für mich. Ich schaffte es einfach nicht, mit der Folge, dass Doktor Breitbach mir Infusionen verschrieb.

Als mein Hausarzt mir das erste Mal die Kanüle legen wollte, sperrte sich mein Körper dagegen. Unter Stress gebe ich weder Blut noch lasse ich Flüssigkeit in mich hinein. Der Arzt begann schier zu verzweifeln. Er stach und stach, bis es endlich funktionierte.

Beunruhigt rief ich Birhan an. Ich hatte plötzlich Angst, dass es doch ärgere Komplikationen geben könnte. Es war das erste Mal nach längerer Zeit, dass wir wieder miteinander telefonierten. Ich spürte, wie sehr Birhan sich anfangs freute und dann enttäuscht war, als ich log, die Infusionen seien wegen einer Entzündung notwendig. Ich glaube, sie ahnte, was wirklich los war. Sie antwortete recht einsilbig, und wir legten bald auf. Danach zog Birhan sich gänzlich zurück. Mit tat das sehr Leid, doch ich hatte nur ein Ziel vor Augen und wollte von unserem Entschluss, es keinem zu sagen, nicht abweichen.

Am selben Abend bekam ich höllische Schmerzen und musste zum Notarzt, da mein Arm blau wurde und bedenklich anschwoll. Schließlich wurde mir eine Branüle, eine Nadel auf dem Handrücken, gelegt, damit Thomas die Infusionen legen konnte. Unsere Nachbarin, die Krankenschwester ist, zeigte es ihm. Bereits nach kurzer Zeit war er darin so geschickt, dass ich keine Schmerzen dabei empfand. Entspannt lag ich dann auf dem Sofa und ließ die Flüssigkeit aus der Flasche, die oben an der Gardinenstange hing, langsam in mich hineinsickern. Auch unsere Nachbarin war begeistert, wie gut das klappte.

Eine Woche später, es war wieder Sonntag, spürte ich morgens im Bett ein leichtes Ziehen im Unterleib. Ich hielt den Atem an. Hatte ich es doch übertrieben? Als es im Laufe des Tages so stark wurde, wie ich es nur von den Schmerzen vor meiner Periode kenne, taumelte ich an den Rand eines Abgrunds. Es ist vorbei, dachte ich. Mein Gefühl hatte mich in dieser Hinsicht noch nie getrogen. Ab diesem Moment weinte ich nur noch. Thomas war vollkommen hilflos, da er erst nicht begriff, was los war, und ich einfach nicht reden konnte. All seine Versuche, mich zu beruhigen, scheiterten. Ich weinte hemmungslos, da ich wusste, was passiert war.

Am Abend sagte ich es ihm.

Doch er glaubte mir nicht. »Wart's ab. Vielleicht sind es ja nur die Nachwirkungen der Hormone.«

Ich schüttelte nur den Kopf. Meine Verzweiflung war bodenlos.

Montagmorgen setzten dann tatsächlich Schmierblutungen ein. Thomas war noch zu Hause. Ich saß auf der Toilette und zeigte sie ihm, damit er mir auch glaubte. Eine Spur von Enttäuschung zeichnete sich auf seinem Gesicht ab. Dann verzog er sich ohne ein Wort an den Computer. In den nächsten Stunden hörte und sah ich nichts von ihm, wie immer, wenn er mit irgendetwas nicht klarkam. Sein Schweigen war beredter als Worte. Erst gegen Mittag fragte er noch einmal nach, wie es mit den Blutungen wäre.

»Unverändert«, sagte ich und hätte schreien können vor Wut und Ohnmacht, dass mich das Schicksal erneut im Stich ließ. Da es vorbei war, wollte ich auch keine Hormone mehr nehmen. »Die Infusionen setze ich auch ab. Es hat keinen Sinn mehr.« Thomas nickte zwar, riet mir aber, Doktor Breitbach anzurufen, um auf jeden Fall seine Meinung zu hören.

Doktor Breitbach schien weniger überrascht, als ich vermutet hatte: »Sie *sind* schwanger. Da bin ich mir ziemlich sicher! Vermutlich sind Ihre Symptome noch die Folge der Überstimulation. Eigentlich wäre das sogar ein guter Hinweis dafür, dass Sie tatsächlich schwanger sind. Halten Sie durch bis zum Schwangerschaftstest am Donnerstag. Und nehmen Sie wenigstens das Progesteron weiter.«

»Okay«, sagte ich, »wenn Sie es unbedingt schwarz auf weiß haben wollen, mach ich den Test eben noch.« Aber ich glaubte nicht einen Moment daran. Ich war mir einfach zu sicher, dass ich eine Fehlgeburt hatte. Thomas, der mich danach bekniete, auf Doktor Breitbach zu hören, und meinem

Arzt zuliebe nahm ich das Medikament jedoch weiter, obwohl die Blutungen inzwischen immer stärker wurden. Am Mittwochabend – Thomas wollte gerade zum Spritzen ansetzen – schob ich seinen Arm beiseite. »Jetzt reicht's. Ich kann nicht mehr. Weshalb soll ich meinen Körper weiter schädigen, wenn es doch sowieso vorbei ist!«

Thomas redete wie ein Prediger auf mich ein, versuchte es im Guten, schimpfte, aber es half nichts. Ich ließ ihn nicht mehr ran an meinen Po. Da stand er mit seiner Spritze in der Hand, ratlos und enttäuscht. Er tat mir Leid – aber ich konnte nicht mehr. Es war vorbei für mich, ein für alle Mal.

Der letzte Liebesdienst, den ich ihm erwies, war, dass ich ihm am Donnerstagmorgen erlaubte, mir für den Schwangerschaftstest Blut abzunehmen. Doch mein Körper wehrte sich so vehement wie meine Seele. Ich gab kein Blut. Zwölfmal musste er mich stechen, zwischendurch warf er die Nadel entnervt weg, weil er dachte, sie sei verstopft, bis endlich ein paar Tropfen kamen.

Mit dem Mut der Verzweiflung steckte er die Ampulle in den vorbereiteten Umschlag, adressierte ihn an die Deutsche Klinik Bad Münder und warf ihn in den Briefkasten. Ich glaubte keinen Augenblick daran, dass das irgendeinen Sinn ergab.

Am Freitag sollten wir in Bad Münder anrufen, um das Ergebnis zu erfahren. Ich vergaß es fast. Weshalb sollte ich auch wissen wollen, was mir ohnehin klar war. Aber um Thomas und Doktor Breitbach zufrieden zu stellen, rief ich die Arzthelferin schließlich an.

»Nun sagen Sie mir schon, dass mein Test negativ ist«, sagte ich und merkte erst beim Reden, wie barsch ich klang. Schon wollte ich mich entschuldigen, da sagte sie: »Nein, nein. Sie sind schwanger.«

»Das ist unmöglich«, sagte ich etwas höflicher.

»Sie sind aber eindeutig schwanger«, wiederholte die Arzthelferin sehr bestimmt.

»Das kann nicht sein. Ich habe seit einer Woche starke Schmierblutungen.« Noch immer glaubte ich kein Wort von dem, was mir die junge Frau einzureden versuchte. »Ich weiß es einfach. Mein Bauch ist leer! Da muss eine Verwechslung vorliegen.«

»Doch! Wie oft soll ich Ihnen das noch sagen. Sie sind *schwanger*!« An ihrer Stimme merkte ich, dass sie langsam die Geduld verlor. Eine Weile schwiegen wir, dann fragte ich nach der Höhe des HCG-Werts.

»213«, sagte die Arzthelferin entnervt. »Aber ich gebe Sie am besten gleich an Doktor Breitbach weiter. Er steht schon eine ganze Weile neben mir. Sie glauben mir ja doch nicht.«

Erst als ich die Stimme von Doktor Breitbach hörte, sein fröhliches »Herzlichen Glückwunsch, Frau Schork. Sie haben es geschafft!«, dämmerte mir, dass ich mich dieses Mal geirrt haben könnte. »Einiges deutet sogar auf eine Mehrlingsschwangerschaft hin«, hörte ich ihn munter weiterreden. »Die Blutungen kommen wahrscheinlich von der Einnistung. Das gibt es manchmal. Sie sollten jetzt auf jeden Fall das Progesteron …«

Eine heiße Welle schoss durch meinen Körper. Ich hörte nichts mehr. In meinem Kopf war nur noch ein Rauschen. Wie betäubt legte ich auf. Ich hatte mich nicht einmal verabschiedet.

Als ich mich etwas erholt hatte, rief ich Thomas an: »Halt dich fest. Ich bin schwanger. Komm sofort heim und fahr jetzt bloß nicht in den Graben!«

Thomas hatte alles stehen und liegen lassen und war nach Hause gekommen. Seine Begeisterung war grenzenlos. Immer wieder nahm er mich in den Arm und drückte mich so fest, dass ich fast keine Luft mehr bekam. Besorgt fragte er, welche Medikamente er nun weiter spritzen sollte. Erst da fiel mir ein, dass ich Doktor Breitbach nicht mehr zugehört hatte.

»Wir machen einfach alles so weiter wie bisher«, sagte ich. »Wird schon richtig sein.«

Wir verbrachten ein wunderbares Wochenende, glücklich wie seit Langem nicht mehr, lagen auf dem Sofa und kuschelten miteinander. Die Blutungen hatten nahezu aufgehört. Ich fühlte mich so leicht, als wären mir über Nacht Flügel gewachsen. Sollte unsere Odyssee tatsächlich ein Ende gefunden haben? Eine kleine Unsicherheit blieb. Es war zu unwirklich, was da plötzlich mit mir passierte.

Am Montag rief ich noch einmal Doktor Breitbach an, ob nicht vielleicht alles nur ein Traum wäre und nun das böse Erwachen käme. Aber er sagte mir nur, was ich weiter an Medikamenten zu nehmen hätte.

»Muss ich noch mal nach Bad Münder kommen?«, fragte ich.

»Wieso?«, entgegnete Doktor Breitbach. »Es ist doch eine intakte Schwangerschaft. Alles Weitere ist Sache Ihres Hausgynäkologen. Meine Aufgabe ist beendet.«

KAPITEL 17

Drillinge oder Zwillinge?

Eine Woche später lag ich in der Praxis von Doktor Paulski vor dem Ultraschallgerät.

»Eins, zwei. Ich sehe zwei Fruchthüllen, Frau Schork.« Der Gynäkologe lächelte zufrieden. »Gratulation.« Der kalte, glitschige Stick fuhr weiter über meinen Bauch. Plötzlich hielt er inne. »Oh, dahinten ist ja noch eine!«

»Was?«, rief ich. »Das kann nicht sein!« Dass sich drei Embryos eingenistet haben sollten, konnte ich einfach nicht glauben.

»Ich kann doch wohl noch bis drei zählen.« Doktor Paulski lachte und druckte das Ultraschallbild aus. »Wer hätte das gedacht. Es sind Drillinge!«

Der HCG-Wert von 8 950 bestätigte den Befund. Es war eindeutig. Richtig fassen konnte ich es nicht. Drei Kinder auf einmal. Ich wagte mir nicht vorzustellen, was das in der Praxis bedeutete. Allein der Gedanke daran ließ mich schwindeln.

Kaum hatte ich den Untersuchungsraum verlassen, klingelte Thomas' Handy. Er hatte die ganze Zeit wie auf glühenden Kohlen gesessen und auf meinen Anruf gewartet. »Und? Was ist?«

»Wir haben Drillinge«, hauchte ich.

»Erzähl keinen Blödsinn. Mit so was spaßt man nicht.« Thomas war regelrecht verärgert. »Also was ist?«

»Du wirst Vater von drei Kindern!«, wiederholte ich.

»Im Ernst?« Thomas brach in einen Jubelschrei aus: »Das gibt's doch nicht! Toll, toll! Drei auf einen Schlag! Ich fass es nicht!«

»Findest du das nicht ein bisschen viel?«, fragte ich nüchtern.

»Ich? Wieso? Das ist doch wunderbar. Da müssen wir nicht noch mal ran.« Thomas' Begeisterung kannte keine Grenzen.

Die Sprechstundenhilfe von Doktor Paulski unterbrach das Gespräch. »Ich habe noch etwas für Sie.« Lächelnd überreichte sie mir den Mutterpass. »Herzlichen Glückwunsch, Frau Schork.«

Ich schaute ihn an: »SSW 5+6. 3 Fruchtblasen.« Der Pass machte es amtlich.

Als ich im Auto saß, zündete ich mir eine Zigarette an. Früher hatte ich eine Schachtel am Tag geraucht, es dann während der Stimulation reduziert und nach dem Schwangerschaftstest schließlich gänzlich aufgehört. Dies sollte nun für immer meine letzte Zigarette sein. Ich nahm einen flachen Zug und hielt sie, weit von mir gestreckt, aus dem Fenster, wo der Fahrtwind sie langsam verglühen ließ. Ich weinte hemmungslos. Erst als die Glut mir die Finger verbrannte, warf ich sie fort. Von jetzt an wird alles anders, dachte ich.

Zu Hause trug ich den Mutterpass mit mir herum wie eine Reliquie. Schon nach ein paar Tagen sah er abgegriffen aus vom vielen Anfassen. Wenn ich ihn betrachtete, kamen mir die Tränen. Es war wie ein Traum, aus dem ich nicht aufwachen wollte. Ich wusste, dass noch ein langer Weg vor mir lag, eine Fehlgeburt diesen Traum zerstören könnte und selbst eine Frühgeburt nicht unwahrscheinlich war. Doch die erste Hürde hatte ich genommen.

Als ich Doktor Breitbach am nächsten Tag anrief, war er trotz aller Freude, dass er Recht behalten hatte mit seinem Optimismus, bestürzt. »Drillinge?«, stöhnte er. »Mein Gott, das wollte ich Ihnen eigentlich ersparen.« Und dann erzählte er mir, dass er vor dem Transfer mit zwei anderen Ärzten noch diskutiert hatte, ob sie wirklich drei Embryonen einsetzen sollten. »Die anderen waren für zwei gewesen. Doch ich habe mich leider dagegen entschieden.« Er machte sich nun Vorwürfe, da ich nicht sehr groß bin und eine Drillingsschwangerschaft womöglich eine zu große Belastung für meinen Körper wäre. »Vielleicht entwickeln sich ja auch nur zwei weiter«, hoffte er.

Seine Anteilnahme rührte mich. »Machen Sie sich keine Sorgen um mich. Seien Sie einfach stolz auf sich. Sie haben mich zur Schwangerschaft geführt. Allein das zählt. Ich schaff das schon.«

Nach 14 Jahren und sieben künstlichen Befruchtungen sollte ich endlich Mutter werden. Was genau mich nun zum Erfolg gebracht hat, wird wohl immer ein Geheimnis bleiben. War es der Besuch bei dem Heiler, war es Doktor Breitbach? Was den Heiler betrifft, so ist das auf rationalem Wege nicht fassbar. Doktor Breitbach jedoch hatte auf wissenschaftlichem Gebiet noch einmal alles versucht, meine Unterlagen genauestens studiert und war für alles, was es Neues gab, offen gewesen. In seiner Praxis ging es nie zu wie auf dem Fließband. Ich fühlte mich bei ihm immer als Mensch behandelt, nicht als eine Gebärmutter, die nicht funktioniert. Nie spürte ich Zeitdruck bei ihm oder dass es ihm ums Geld geht. Stets hatte ich das Gefühl aufrichtigen Interesses, als wäre ich seine einzige Patientin, was natürlich mitnichten so war. Manchmal nahm er sich zwei Stunden Zeit für uns. Selbst wenn er dann zwischendurch zu einer Besprechung musste, entschuldigte er sich anschließend mehrmals, weil er uns hatte warten lassen. Wir schämten uns auch nie für unsere manchmal sicher naiven Fragen. Nie wurde er ungeduldig deswegen, sondern erklärte uns alles in einfachen Worten. Viele Ärzte werfen mit Fremdwörtern um sich und können nicht verstehen, weshalb jemand solche Fragen hat. Ein- oder zweimal trauten wir uns zwar nachzuhaken. Aber irgendwann gaben wir auf, weil wir uns einfach für zu dumm hielten. Doktor Breitbach gab uns nie das Gefühl. Diese Grundhaltung erlebte ich bei jedem seiner Mitarbeiter, und das ist sicher einer der Gründe, weshalb seine Klinik so erfolgreich ist.

Nicht nur für Doktor Breitbach war es im ersten Moment ein Schlag, dass ich Drillinge bekommen sollte. Meine Schwiegermutter war entsetzt, was wir da bloß angerichtet hätten. Sie dachte vor allem daran, was Thomas' Kinder dazu sagen würden. Während meine Mutter sich freute, auch wenn sie sich durchaus Sorgen um mich machte.

Nachdem es amtlich war, hatte ich es endlich gewagt, auch meine Freundinnen über meine Schwangerschaft zu informieren. Als Erstes rief ich Birhan an, denn ihr gegenüber plagte mich das schlechte Gewissen am meisten. Sie freute sich aber aufrichtig für mich. Ich war erleichtert, dass unsere Freundschaft diese Krise überstandenen hatte – und das, obwohl ihr eigener Kinderwunsch nach wie vor unerfüllt blieb.

Susanne Wieseler, die inzwischen Mutter war, und Heiner Gatzemeier spielten mit dem Gedanken, eine Folgeserie mit uns zu drehen. »Das wird Furore machen!«, meinten sie. Doch es blieb bei der Idee, da der Irakkrieg bald sämtliche Medien beherrschen sollte.

Meine Freundin Anja lag im Krankenhaus. Auch sie hatte es geschafft und war bereits in der 13. Woche schwanger. Aber um vorzeitige Wehen auszuschließen, musste ihr eine Cerclage gelegt werden. Ihr ging es sehr schlecht. Da sie so genannte Killerzellen in sich hatte, die eine Fehlgeburt hervorrufen könnten, erhielt sie Infusionen mit Immunglobulin, um das Immunsystem zu modulieren, wie es im Fachjargon heißt, und es dazu zu bewegen, die Schwangerschaft nicht zu attackieren. Als ich ihre schwache Stimme hörte, bekam ich eine Ahnung davon, welche Gefährdungen mich möglicherweise noch erwarteten.

»Seltsam«, sagte sie. »Ich habe von dir geträumt, ich habe geträumt, dass du Zwillinge bekommst.«

Sollte sie etwa Recht behalten?

Vierzehn Tage später waren tatsächlich nur noch zwei Herztöne zu hören, die Ultraschalluntersuchung bei Doktor Paulski ergab, dass nur noch zwei Fruchthüllen mit einem schwarzen Etwas darin auf dem Bildschirm pulsierten. Erleichtert atmete ich auf. Thomas hingegen war enttäuscht. »Schade«, sagte er. »Ich hatte mir das so schön mit den dreien vorgestellt.«

»Hast du dir eigentlich mal konkret Gedanken darüber gemacht, was das für mich und unseren Alltag später, nicht zuletzt unseren Geldbeutel, bedeutet, Schatz?«, fragte ich ihn irritiert. »Füttern, Windeln, Krankheiten, und immer schreit einer, wenn nicht gar zwei oder drei? Ganz abgesehen davon, dass ich gar nicht weiß, wie man mit drei Babys einkaufen geht, wie ein passendes Gefährt dafür überhaupt aussehen soll!« – Männer!, dachte ich. Sind den ganzen Tag an der Arbeit, aber wollen mit ihrem Nachwuchs angeben. Nach dem Motto: je mehr, desto besser!

Ich war jedenfalls froh, dass es nun Zwillinge waren. Doktor Breitbach atmete ebenfalls auf. Zu den Risikoschwangeren gehörte ich so oder so. Bis zur 12. Woche war die Wahrscheinlichkeit einer Fehlgeburt am größten. Ich hatte keine Schmerzen, kein Brustspannen, keine Übelkeit – aber permanent Angst. Würden vielleicht auch die anderen beiden Herztöne plötzlich verschwinden?

Thomas versuchte sein Bestes, mich zu beruhigen: »Das wird schon, das wird, glaube mir.« Doch auch bei ihm spürte ich diese Angst, die uns keiner nehmen konnte. Wir waren glücklich, und doch – manchmal brach ich in Tränen aus, von einem Moment zum anderen. Dann half mir nur, den Mutterpass und die Ultraschallbilder anzuschauen, die immer in Reichweite lagen. Aber der Kloß im Hals blieb.

Zu meinem Geburtstag, in der Nacht vom 13. auf den 14. Februar, machten mir meine Kinder das erste Geschenk: Mir wurde so übel, dass ich mehrere Stunden vor der Toilette verbrachte und kaum ein Auge zumachte. Mir graute vor dem nächsten Tag, denn ich hatte für meine Gäste 50 Schnitzel zu braten. Schon der Gedanke an den Bratgeruch ließ mich zur Toilette hechten. Meine Verwandten und Freunde auszuladen kam jedoch nicht in Frage. Ich wollte dieses Fest feiern, jetzt, wo ich endlich Leben in mir spürte. Da musst du durch, Birgit, sagte ich mir, und versuchte während des Bratens tapfer durch den Mund zu atmen. Noch mal schwanger wirst du nicht.

Wie ich die Feier überstanden habe, weiß ich nicht mehr. Allen, die mich besorgt fragten, was denn mit mir los sei, sagte ich nur: »Nichts als schwanger, lasst mich bitte in Ruhe.«

Von diesem Tag an hörte das Erbrechen erst mal nicht mehr auf. Die Toilette wurde zu meinem Hauptaufenthaltsort. Waren wir unterwegs, sah es nicht viel besser aus. Allein für die drei Kilometer von Dielheim zum Supermarkt nach Rauenberg brauchte ich zwei Brechtüten. Zu allem Überfluss bekam ich nach einiger Zeit auch noch Durchfall. Was ich auch dagegen unternahm, nichts half, weder Tee noch lauwarme Cola mit Salzstangen. Manchmal haderte ich deswegen mit meinem Schicksal, denn diese Beschwerden hörten auch nach dem fünften Monat nicht auf. Wenn ich klagte, sagte Thomas gewöhnlich: »Solange es dir schlecht geht, geht es den Zwergen gut!« Das äußerte er auch vor anderen, als wären nur noch die Babys in meinem Bauch wichtig und nicht mehr ich. Fast alle unsere Freunde reagierten so – bis auf Barbaras Mann Jürgen. Er war der Einzige, der sich stets ausdrücklich nach mir erkundigte. Ich war ihm sehr dankbar dafür. Nur sehr wenige Männer besitzen diese Sensibilität.

Das nächste Problem, das mich plagte, war das Wasser, das sich in meinem Körper ablagerte. Da ich wusste, wie gefährlich das war, besonders, weil es sich auch im Bauchraum sammelte, versuchte ich, so viel wie möglich zu trinken. Anders als für Thomas, der ohne Weiteres einen ganzen Liter in sich hineinschütten konnte, bedeutete es für mich stets eine Überwindung, und ich schaffte es nur Gläschen für Gläschen. »Ich tu es für euch«, sagte ich dann immer und schaute auf meinen Bauch, der kräftig wuchs. Leider nahmen auch meine Beine Elefantenausmaße an.

»Sie sollten Stützstrümpfe tragen«, riet mir Doktor Paulski und zeigte mir ein Paar, das er in seinem Schrank verwahrte, braun und hässlich, wie man sie manchmal an alten Damen sieht.

»Niemals!«, rief ich vehement aus. »Kommt gar nicht in Frage. Sie wollen mich wohl zur Oma machen?«

»Klar, zu Oma Flodder, in Gummistiefeln, mit Kittelschürze und Zigarre im Mund.« Thomas lachte schallend. Oma Flodder war eine asoziale Figur aus einer holländischen Serie, immer die Schnapsflasche in der Nähe, nie ohne Lockenwickler und eben auch nie ohne ihre grässlichen Stützstrümpfe. Während beide Männer sich amüsierten über diese Vorstellung, war mir eher zum Heulen zu Mute, denn ich litt wirklich unter meinen säulenartigen Beinen, die weder Knie noch Knöchel zeigten.

Lange weigerte ich mich, diese Stützstrümpfe zu tragen. Aber irgendwann ließen mir die Schmerzen keine andere Wahl mehr. Die Strümpfe wurden extra maßgeschneidert für mich, was allerdings hieß, dass ich sie nicht ohne die Hilfe von Thomas anziehen konnte. Er cremte meine Beine sogar abends ein, wenn ich den Gummi für ein paar Stunden los war. Ich wusste, welche Selbstüberwindung ihn das kostete, und rechnete es ihm hoch an.

In den ersten Wochen lag ich mehr oder weniger nur auf dem Sofa. Außer Telefonieren und Lesen konnte ich nicht viel machen. Selbst das Kochen und Putzen schränkte ich auf das Notwendigste ein. Jede körperliche Betätigung war gefährlich, und diesmal wollte ich kein Risiko mehr eingehen. Und doch gab es einen Moment, wo uns beiden fast das Herz stehen geblieben wäre.

Ich hatte am Abend auf dem Stuhl vor dem Computer gesessen, wie immer die Beine verschränkt, als ich spürte, wie ich plötzlich brechen musste. Da das immer sehr schnell ging, wollte ich aufspringen, kam aber ungünstig mit einem Fuß auf, stürzte mitsamt dem Stuhl vornüber und fiel auf meinen

Bauch. Thomas, der auf dem Sofa lag, schrie auf: »Bist du verrückt! Unsere Kinder! Wie kannst du nur so unvorsichtig sein und hinfallen!«

Nicht einen Gedanken verschwendete er darauf, wie es mir gehen könnte. Ich lag auf dem Boden und fühlte mich einer Ohnmacht nahe vor Angst. Doch er dachte nur an seine Kinder. Mich, seine Frau, hatte er völlig vergessen. Ich war ja nicht weniger erschrocken und besorgt, dass etwas passiert sein könnte. Dass ihn mein Zustand so wenig interessierte, machte mich traurig.

Am nächsten Tag gingen wir zu Doktor Paulski, um einen Ultraschall machen zu lassen. Wir hatten die Nacht kaum geschlafen aus lauter Furcht, es könnte schief gegangen sein. Vor allem Thomas war vollkommen außer sich. Erst als wir unsere Babys, ihre pumpenden kleinen Herzen auf dem Bildschirm, sahen, beruhigte er sich. Meine dicke Bauchdecke hatte sie beschützt.

Die Zeit verging – langsam, was die Übelkeit und den Durchfall betraf, und doch viel zu schnell. Denn ich genoss meinen Bauch, der bereits im fünften Monat so dick war wie bei anderen im achten, meine Babys, die in mir wuchsen und boxten. Dennoch befiel mich nach wie vor gelegentlich die Angst, alles könnte nur ein Traum sein. Wenn ich Thomas dann fragte: »Bin ich wirklich schwanger?«, lachte er mich aus.

»So wirklich wie deine beiden süßen dicken Beinchen da unten!« Das brachte mich wieder in die Realität zurück.

Inzwischen musste ich jede Woche zum Ultraschall, um zu sehen, ob alles in Ordnung ist. Doktor Paulski war zufrieden. »Ihre Söhne wachsen und gedeihen hervorragend.« Anfangs meinte er, einen Jungen und ein Mädchen zu sehen. Ich hatte mich schon gefreut, denn ein Pärchen zu haben, hätte mein Glück komplett gemacht. Thomas wiederum freute sich, als sich herausstellte, dass es zwei Jungen waren.

»Hauptsache, sie sind gesund«, sagte ich.

KAPITEL 18

Gefahr im Verzug

Eines Tages, es war Anfang April, sagte Doktor Paulski zu mir. »Es hat keinen Zweck, Frau Schork, ich muss Sie für einige Zeit ins Krankenhaus überweisen, damit sich ihr Körper etwas erholt. Ihre Blutwerte stimmen nicht mehr, und Sie brauchen Infusionen.«

Meine Gläschen-für-Gläschen-Methode hatte offensichtlich versagt. Ich schaffte es einfach nicht, genügend zu trinken. Vor unserem Haus blühten die Apfelbäume. Die Frühlingssonne hatte gerade an Kraft gewonnen. Mich ausgerechnet jetzt in die sterile Krankenhausluft zu legen, behagte mir gar nicht.

»Muss es wirklich sein?«

»Ja«, sagte Doktor Paulski. »Ich kann Ihren Zustand sonst nicht mehr verantworten.«

Ich kam in die St.-Elisabeth-Klinik in Heidelberg-Neuenheim, ein modernes Gebäude inmitten von Reihenhäusern und Villen und gepflegten Gärten. Die Klinik umgab ein kleiner Park mit modernen Skulpturen. Ich sah ihn nur aus dem Fenster, denn ich lag mehr oder weniger den ganzen Tag im Bett. Abgesehen davon, dass mir das Essen nicht schmeckte, ging es mir gut auf der Schwangerenstation. Die Schwestern waren nett, und ein Fernseher sorgte hin und wieder für Abwechslung. Allzu gern schaltete ich ihn nicht ein, da auf allen Sendern der Irakkrieg erstes Thema war. Auch wenn dieser

Krieg keine unmittelbare Gefahr für uns bedeutete, so dachte ich doch oft an die Kinder, die unter ihm leiden mussten.

Thomas besuchte mich täglich, meist mit einer Tüte von McDonald's für mich und meine Zimmergenossin, die ebenfalls Zwillinge erwartete und wegen vorzeitiger Wehen eingeliefert worden war. Sie kam aus der ehemaligen DDR und war eine allein erziehende Mutter von vier Kindern. Eines Tages schüttete sie mir ihr Herz aus, und erzählte, dass der Vater ihrer Zwillinge sie mit einer anderen Frau betrog und sie eine Trennung befürchtete. Mit sechs Kindern allein zurechtzukommen, wagte ich gar nicht erst, mir vorzustellen. Ein Glück, dass Untreue nie ein Thema zwischen Thomas und mir war.

In der einen Woche, die ich in der Klinik verbringen musste, hatte ich viel Zeit zum Grübeln. Manchmal stellte ich mir vor, wie mein Leben in einem Jahr aussehen würde, wie ich mit den Kindern klarkäme, wie ich sie erziehen sollte, was ich alles mit ihnen anstellen könnte. Im Geiste richtete ich bereits das Kinderzimmer ein, kaufte Spielzeug, plante meinen Tagesablauf. Würde ich eine gute Mutter sein?, fragte ich mich. Würde ich beide Kinder gleich gut und gerecht behandeln oder eines vorziehen, weil es mir vielleicht charakterlich ähnlicher ist? Mit fremden Kindern kam ich gut zurecht, aber hin und wieder Gastmutter zu sein, war etwas anderes, als ein Leben lang die Verantwortung zu tragen. Oft überkamen mich auch Ängste, ob die Kinder gesund auf die Welt kommen würden und wie mein Leben vielleicht mit behinderten Kindern verlaufen würde. Sollten wir die Zwillinge im Mutterleib untersuchen lassen? Es ist keine leichte Entscheidung, besonders für Paare, deren Kinderwunsch so groß war, dass sie sogar die Strapazen einer künstlichen Befruchtung auf sich genommen hatten. Macht man die Fruchtwasseruntersuchung steht man, falls sie wirklich behindert sind, danach vor der quälenden Alternative, die Föten zu behalten oder gegebenenfalls abzutreiben. Was aber, wenn man weiß, eine weitere Chance gibt es nicht?

Wir ließen nur die Nackenfalten untersuchen, ob ein Downsyndrom vorliegt. Das war auf dem 3D-Ultraschallgerät von Doktor Paulski möglich. Er sah glücklicherweise nichts Auffälliges. Eine Fruchtwasseruntersuchung kam für uns nicht in Frage. Die Vorstellung, dass unsere Babys aus Versehen mit einer Nadel getroffen werden könnten, schreckte uns ab. Es sei denn, wir hätten im Ultraschall etwas gesehen, was auf eine starke Behinderung deutete. Dann hätten wir es uns noch einmal überlegt. »Man soll der Natur seinen Lauf lassen«, meinte Thomas. »Wenn unsere Babys leicht behindert sind, behalten wir sie natürlich.« Ich sah das ebenso.

Die allwöchentlichen Ultraschalluntersuchungen über den Zustand unserer Söhne beruhigten mich zwar, aber körperlich ging es mir nach wie vor schlecht. Die Übelkeit hörte einfach nicht auf, nur der Durchfall hatte sich vorübergehend gebessert. Meine Nachbarin dachte anfangs, mein Stöhnen im Bad wäre das Jammern der Katze. Sobald ich etwas trank oder aß, musste ich auf die Toilette. Am liebsten hätte ich mein Zimmer dort eingerichtet. Musste ich nur fünf- oder sechsmal erbrechen, waren das richtig gute Tage.

Das war kein Leben mehr, und ich war oft deprimiert, obwohl Thomas sich sehr um mich bemühte. Er litt unter seiner Ohnmacht, mir nicht helfen zu können. Meine Mutter oder meine Schwester, die ich sehr gebraucht hätte, hatten wenig Zeit. Sie wären sicher häufiger gekommen, wenn ich sie darum gebeten hätte. Aber dazu war ich zu stolz. Ich wollte niemandem zu Dank verpflichtet sein. Auch meinen Nachbarn gegenüber nicht, die durchaus zu helfen bereit waren. Ich wollte meine Zwillinge, also musste ich da allein durch. Ich wusste, dass dieser Stolz dumm und unnötig war und mich letztlich noch mehr belastete, aber damals konnte ich einfach nicht über meinen Schatten springen.

So verteilte ich meine Arbeit langsam über den Tag. Wenn ich morgens anfing, das Bad zu putzen, war ich eben erst abends fertig. Thomas besorgte den Einkauf. Sooft es ging, begleitete ich ihn. Leider waren das meine einzigen Ausflüge.

Das viele Liegen bekam meiner Psyche überhaupt nicht. Oft grübelte ich, ob mit den Babys alles in Ordnung sei, oder ich machte mir Sorgen, was aus mir und den Zwillingen würde, wenn Thomas etwas passierte. Er war täglich mit dem Motorrad oder Auto unterwegs. Früher hatte mir das nichts ausgemacht. Aber jetzt hatte ich plötzlich Angst um ihn. Ich dachte an unseren Unfall, welches Glück wir gehabt hatten. Nicht auszudenken, wenn Thomas' Kindern damals etwas zugestoßen wäre! Nach wie vor besuchten sie uns jedes zweite Wochenende. Es war zwar anstrengend. Aber sie freuten sich auf die Zwillinge und legten ihre Hände auf den Bauch. Manchmal kamen sie sogar zum Ultraschall mit.

Um mich aufzuheitern, brachte Thomas mir hin und wieder Blumen mit, kleine Röschen, die ich zur Erinnerung trocknen ließ. Doch das Einzige, was mir wirklich half, war unser Sex. Er lenkte mich ab, und ich wurde lockerer. Deshalb schliefen und kuschelten wir so oft wie möglich miteinander.

Ins Büro, wo ich gelegentlich als kaufmännische Angestellte gearbeitet hatte, ging ich nicht mehr. In den ersten vier Wochen war ich krankgeschrieben, später erhielt ich Arbeitsverbot. Ich hätte auch gar keine Kraft gehabt. Thomas, der kurz vor der Schwangerschaft seine Umschulung zum Fahrlehrer begonnen hatte, war selten vor vier zu Hause. Mit dieser Ausbildung erfüllte er sich einen Lebenstraum. Bereits während der Dreharbeiten mit dem ZDF hatte er seinen LKW-Führerschein gemacht. Das Team war sogar mit der Kamera dabei gewesen, die Szene wurde jedoch nicht ausgestrahlt.

Die Tage wurden mir lang zu Hause. Zu Geburtsvorbereitungskursen konnte ich wegen meiner Übelkeit und des Durchfalls nicht gehen, und Prospekte über Babysachen wälzen, Klatschheftchen lesen oder fernzusehen befriedigte mich auf die Dauer nicht.

Wir sahen in dieser Zeit abends oft Videos. Thomas wäre zwar lieber ins Kino gegangen, aber da ich dort regelmäßig einschlief, sparten wir das Geld lieber und sahen uns die Filme zu Hause an.

Eines Abends sagte Thomas aus Spaß: »Wir gehen heute ins Casino.«

Er dachte natürlich, dass ich aufschreie, ob er denn unsere letzten Euros verjubeln will. Doch da hatte er sich getäuscht. »Gute Idee. Auf nach Bad Dürkheim!«

»Tatsächlich? Mit Kotztüte?« Thomas sah mich entgeistert an.

»Warum nicht? Los, mach dich fertig.« Ich war froh, endlich einmal herauszukommen und hoffte, dass es schon irgendwie gut gehen würde … Die Auswahl meiner Kleidung hielt sich in Grenzen. Die meisten Sachen passten nicht mehr, und zu viel Umstandsgarderobe anzuschaffen, hielt ich für überflüssig, denn ich war ja größtenteils zu Hause. Ich blickte in den Schrank und holte meine schwarze Umstandshose heraus, eine schwarze Bluse und eine schwarze Jacke, dazu schwarze Stiefel.

»Wow«, sagte Thomas, als er mich sah, »*Lady in black*! Dann gehe ich auch ganz in Schwarz. Ist ja sicher vornehm dort.«

Ich wollte aber keinen Partnerlook und überredete ihn, seine Bluejeans anzuziehen.

»Ist das nicht zu leger?«

»Wenn du eine Krawatte dazu trägst, nicht.«

»Sicher?«

»Sicher.«

Beinahe wäre unser Spaß schon an der Eingangstür des Casinos, das bessere Tage gesehen zu haben schien, zu Ende gewesen. Denn Thomas' Jeans erregten doch Anstoß. Sogar der Geschäftsführer wurde geholt. Nach einem Blick auf meinen Bauch, den ich extra weit nach vorn wölbte, drückte dieser ein Auge zu.

Innen sah das Casino nobler aus als von außen. Wir kauften ein paar Jetons und gingen erst einmal an die Bar. Thomas fand die Atmosphäre viel lockerer als in Baden-Baden, wo die Schickeria ohne mit der Wimper zu zucken Zehntausende Euros verspielte. Stellte man sich wie Thomas grinsend an einen Roulettetisch, wurde man gleich strafend angeblickt. In Bad Dürkheim hingegen tummelten sich einfache Leute, zumeist Kurgäste, denen die Geldscheine nicht schon aus den Augen sprangen.

Wenn ich nicht zu schüchtern gewesen wäre, hätten wir einen schönen Batzen Geld gewonnen. Ich war erst das zweite Mal in einem Casino und hatte keinen blassen Schimmer, was man wie zu tun oder zu lassen hatte. In Baden-Baden hatte ich mich nicht getraut zu spielen. Also beobachtete ich erst einmal von der Bar aus die Leute. Dann ging ich an einen der sechs Roulettetische und wollte meine Jetons auf die »3« setzen, da der dritte Oktober der Geburtstermin sein sollte. Im letzten Moment zog ich aber meine Hand zurück, dann wieder hin – doch da rollte die Kugel schon … und genau auf diese Zahl! Ich hätte aufschreien können vor Wut über mich. Während Thomas versuchte, meine Schüchternheit wieder wettzumachen, ging ich frustriert zu den einarmigen Banditen, die sich im Nebengebäude befanden.

Drei Stunden später machten wir Kassensturz. Thomas hatte seinen gesamten Einsatz verzockt, genau so viel, wie ich an den Automaten gewonnen hatte.

»Wollen wir sie wieder einsetzen?«, fragte Thomas. Ich bekam ein Gefühl dafür, wie Spielen süchtig machen konnte. Doch ich zögerte keinen Augenblick. »Klar! Übrigens habe ich hier noch kein einziges Mal erbrochen.«

Thomas war das vor Aufregung gar nicht aufgefallen. »Vielleicht sollten wir den Rest der Schwangerschaft hier verbringen?«

Ich lachte. »Dann schon lieber im Bett, Schatz. Ist billiger.«

Die Wochen vergingen, und allmählich wurde ich ruhiger. Sollten wir es tatsächlich geschafft haben?

Gegen Ende des siebten Monats lag ich jedoch erneut im Krankenhaus. Dieses Mal in der Heidelberger Frauenklinik. Ich hatte einen Termin ausgemacht, um die Ärzte kennen zu lernen, bei denen ich entbinden würde, und auch sie sollten schon einmal wissen, dass bald eine Zwillingsmama kommt. Eigentlich hatte mich die Frauenklinik eher abgeschreckt. Sie war von der Einrichtung her hässlich, kalt und ungemütlich. Aber sie besaß eine Kinderintensivstation, und das nahm mir die Entscheidung ab.

Bei der Routineuntersuchung war festgestellt worden, dass mein Gebärmutterhals mit nur 1,7 Zentimetern zu kurz war. Obendrein drückte die Fruchtblase auf den Zervix, was zu vorzeitigen Wehen führen könnte. Noch machte ich mir keine größeren Sorgen, obwohl ich wusste, dass bei Mehrlingsschwangerschaften die Gefahr einer Frühgeburt besonders groß war. Sicher, die medizinische Technik war weit vorangeschritten in den letzten Jahren. Bereits Babys von nur 400 Gramm Geburtsgewicht haben mittlerweile eine gewisse Überlebenschance. Selten kommen sie jedoch ohne Schäden davon, manche dieser Frühchen haben unter lebenslangen Behinderungen zu leiden. Der achte Monat gilt als besonders problematisch; die Lungen der Neugeborenen sind dann noch nicht genügend ausgebildet, sodass die Sauerstoffzufuhr nach der Geburt stets eine Ermessensfrage ist für die Kinderärzte. Zu viel kann genauso gefährlich sein wie zu wenig. Nicht selten sind Blindheit, spastische Lähmungen oder Hirnschäden Folge von Über- oder Unterdosierung.

Die ersten zwei Tage lag ich deshalb im Kreißsaal und erhielt Celestan-Spritzen zur Lungenreifung. Thomas, der am folgenden Tag eine wichtige Prüfung für seine Fahrlehrerausbildung ablegen musste, war außer sich vor Sorge. »Mein Gott, hatte ich eine Angst um dich. Alles okay mit den Kindern?«, fragte er, als er mich am Abend besuchte und etwas Kleidung und Nachtwäsche mitbrachte.

»Da es mir schlecht geht, geht es den Kindern wie immer gut«, antwortete ich und zeigte auf meine Nierenschale, die immer bereitstand. »Wie war deine Prüfung?«

Thomas seufzte: »Ich hatte ein richtiges Blackout! Beim Thema Pädagogik gingen bei mir die Rollladen runter. Kein sinnvoller Gedanke über Unterrichtsvorbereitung kam mir über die Lippen. Auch beim Thema Recht stammelte ich nur herum. Erst als ich erklären sollte, wie die Auflaufbremse eines Anhängers funktioniert, wurde es wieder hell in meinem Kopf. Technik geht immer. Da muss ich schon halb tot sein, wenn mir da nix mehr einfällt.«

»Du bist durchgefallen?« Ich sah ihn ungläubig an.

Thomas lächelte. »Zum Glück ahnte mein Prüfer, dass etwas mit mir los sein musste, da ich ja sonst nicht so blöd bin, und er hat mich doch noch durch die Prüfung gebracht. Aber frage nicht, wie!«

»Das kannst du ja dann unseren Kindern erzählen.«

Nach dem Kreißsaal kam ich in ein winziges Zweibettzimmer, ohne Dusche, nur mit einem kleinen Waschbecken. Die ganze Schwangerenstation hatte nur zwei Toiletten, eine mit einer Dusche auf dem Gang und eine in einer Abstellkammer – und das für ungefähr 13 Zimmer! Ich empfand das als große Zumutung. Gerade wenn man nicht aufstehen darf und viel erbrechen muss oder schwitzt, ist man auf bessere sanitäre Bedingungen angewiesen. Wenigstens auf der Wöchnerinnenstation besaß jedes Zimmer ein eigenes Bad. Aber das nutzte mir vorerst wenig.

Besonders problematisch wurde es, als man mich in der zweiten Woche mit einer Amerikanerin zusammenlegte, die nicht einmal aufstehen durfte, um zur Toilette zu gehen. Wenn sie am Tag oder in der Nacht in unserem winzigen Zimmer ihr Geschäft verrichten wollte, wurde ihr von der Schwester ein Nachttopf ans Bett gebracht. Ich spürte, wie unangenehm ihr das mir gegenüber war, und das belastete uns beide, denn wir wussten ja nicht, wie lange wir das miteinander aushalten müssten. Wegen der großen Hitze – der Jahrhundertsommer begann gerade – konnten wir kaum das Fenster öffnen. Gern hätte ich mich mit ihr unterhalten, um die Kluft zwischen uns zu verringern. Aber da sie kein Deutsch sprach und ich nur wenige Brocken Englisch beherrsche, kamen wir uns kaum näher. Hin und wieder übersetzte ich für sie, da die Schwestern noch weniger Englisch verstanden. Eines Tages brachte ihr Mann uns einen DVD-Player und einige Filme. Während er das Gerät installierte, verbrannte das Popcorn, das er uns für einen kompletten Filmgenuss mitgebracht hatte, in der Mikrowelle der Schwesternküche. Noch tagelang stank die Station danach. Wir lachten sehr darüber, und das brachte uns schließlich näher.

Nach 14 Tagen durfte ich für ein Wochenende die Klinik verlassen. Ich war so glücklich, endlich wieder einmal in Thomas' Armen zu liegen, dass ich am liebsten zu Hause geblieben wäre. Doch man vermutete inzwischen, dass ich Schwangerschaftsdiabetes hätte, den man im Krankenhaus besser kontrollieren konnte. Außerdem war das Überprüfen der kindlichen Herztöne, dreimal täglich mit dem CTG, eine Vorsichtsmaßnahme, an die ich mich mittlerweile gewöhnt hatte.

Als ich wiederkam, wurde ich auf die Wöchnerinnenstation verlegt. Dort gab es nun zwar ein Bad in meinem Zimmer, aber als so genannte Risikoschwangere die glücklichen »Normalmütter« mit ihren Babys im Arm zu sehen, tat mir weh. Wusste ich doch nicht, ob alles gut gehen würde. Die Gefahr einer Frühgeburt war nach wie vor nicht gebannt. Als man mich am selben Abend untersuchte, war der Muttermund anderthalb Zentimeter offen und ich hatte alle drei Minuten Wehen. Wehenhemmende Mittel stoppten vorläufig die Gefahr. Aber der Gebärmutterhals hatte sich noch weiter verkürzt.

Wieder musste ich für drei Tage in den Kreißsaal zum Spritzen für die »Lungenreife«. Ich war froh, endlich in den Genuss einer Klimaanlage zu kommen, denn es war unerträglich heiß in den Zimmern. Aber das herzzerreißende Schreien der Frauen – es gab bis zu zehn Geburten am Tag, darunter waren sechs Zwillinge, – jagte mir einen gehörigen Schreck ein. Ich hatte immer gedacht, viel schlimmer als die Schmerzen damals bei der Thrombose am Po würden die Wehen nicht sein. Nach diesen drei Tagen war ich mir da nicht mehr so sicher.

Da die Wöchnerinnenstation mittlerweile ebenfalls überbelegt war, verschob man mich auf die Krebsstation. Ich war den Tränen nahe. Wollte man mich mit aller Macht zur Frühgeburt treiben? Nicht nur für die beiden kranken Frauen war ich als Schwangere eine Zumutung – die eine war gerade an Gebärmutterkrebs operiert, die andere hatte Brustkrebs –, auch für mich bedeutete ihr Anblick eine zusätzliche Belastung. Außerdem war das Personal in keiner Weise für die Betreuung Schwangerer ausgebildet. Ich erhielt falsche Thrombosespritzen, und man wusste nicht, dass ich Diabetikeressen zu bekommen hatte. Auch das Anlegen des CTGs war keine Routine und stürzte mich in die nächste Panik. Die Station besaß nur ein Gerät, das für ein Kind, aber nicht für Zwillinge ausgerichtet war. Erst auf meine Intervention hin wurde von einer Hebammenschülerin ein neues Gerät gebracht. Nachdem sie es mir angelegt hatte, verschwand sie wieder und ließ mich allein. Nach einiger Zeit hörte ich ein gleichmäßiges Fiepen, einen Ton wie beim Herzstillstand. Ich geriet in Panik: Was ist mit meinen Babys?? Eine halbe Stunde musste ich warten, bis endlich die Hebammenschülerin kam und zu meiner Erleichterung feststellte, dass das Fiepen am fehlenden Papier lag. Ich war mit meinen Nerven am Ende. Hätte es wirklich Probleme mit den Herztönen der Kinder gegeben, wäre jede Hilfe zu spät gekommen.

Als Thomas mich an jenem Abend besuchte, sagte ich: »Hol mich hier raus. Koste es, was es wolle.«

Am nächsten Morgen lag ich wieder auf der Schwangerenstation. Thomas hatte den Stationsarzt aufgesucht und ihm gedroht, dass er mich in ein anderes Krankenhaus bringen würde, falls diese Klinik mir nicht endlich eine ordentliche Versorgung gewährleistete und diese Odyssee ein Ende hätte.

Zwei Wochen verbrachte ich noch auf der Schwangerenstation, bangend bis zum Schluss, ob ich durchhalte. Meine Söhne indes gediehen prächtig. Ich spürte auch bereits, wie unterschiedlich sie sich verhielten. Sie wechselten nie die Seite, und während der eine sich sehr viel bewegte, verhielt sich der andere eher ruhig. Ich war gespannt, ob sich das auch später so fortsetzen würde. Was ihre Größe und ihr Gewicht betraf, entwickelten sie sich geradezu vorbildlich. Andere Zwillingsmütter hatten da weniger Glück. In meinem Zimmer lag eine türkische Frau, die nach einer ICSI in ihrem Heimatland schwanger geworden war, nachdem sie es in Deutschland vergeblich versucht hatte. Der eine ihrer Zwillinge, eine Tochter, wog nur 1 400 Gramm und musste nach der Geburt noch für einige Zeit in den Inkubator, den Brutkasten für Frühgeburten.

Das Geburtsgewicht der Zwillinge einer Mutter, die stark rauchte, betrug nur etwa 900 beziehungsweise 1 200 Gramm. Obwohl ich ja selbst viel geraucht hatte, habe ich den Anblick der Hochschwangeren, die alle halbe Stunde nach einer Zigarette griff, kaum ertragen. Ich konnte verstehen, dass sie nervös war, weil sie wie alle Erstschwangeren, zumal mit Zwillingen, nicht wusste, was auf sie zukam. Aber ihre Kinder waren auf Grund der mangelhaften Versorgung im Mutterleib untergewichtig und hatten schlechte Herztöne – spätestens dann lässt man das Qualmen doch sein! Die Babys wurden mit einem Notkaiserschnitt geholt, da man befürchtete, sie würden das Ende der Schwangerschaft nicht überleben. Nicht einmal diese Maßnahme erschütterte deren Mutter. Kaum dass sie aus der Narkose erwacht war, rauchte sie wieder.

In der Zeit meines Krankenhausaufenthaltes schloss ich einige Freundschaften, unter anderem mit einer Drillingsmama, deren Kinder – eine Premiere in der Geschichte der Heidelberger Frauenklinik – spontan das Licht der Welt erblickten. Sie hatte auf der Toilette gesessen, als es losging. Das erste Kind war schon fast draußen, als endlich die Ärzte und Hebammen eintrafen. Die anderen zwei folgten innerhalb einer Stunde.

In der 34. Woche wurde ich endlich entlassen. In spätestens sechs Wochen würde endgültig ein neuer Lebensabschnitt beginnen. Auch wenn ich es vor Thomas kaum zugab, ich hatte Angst davor.

KAPITEL 19

Der sehnlichste Wunsch

Die Geburt unserer Söhne war für den Tag der Deutschen Einheit ausgerechnet, 14 Jahre nach der Wiedervereinigung. Wir fanden diesen Termin wunderbar, da meine Vorfahren mütterlicherseits aus Magdeburg und Leipzig kamen und ja auch bei Thomas und mir West und Ost zusammengefunden hatten. Außerdem würden unsere Kinder immer an einem Feiertag Geburtstag haben, Thomas müsste sich nie Urlaub nehmen, und wir könnten dann alle vier zusammen feiern. Aber da hatten wir die Rechnung ohne den Wirt gemacht.

Am 3. September wachte ich mit starken Schmerzen auf. Ich wälzte mich von einer Seite zur anderen, dann weckte ich Thomas. »Das sind Wehen«, sagte ich zu ihm. »Und viel heftigere als damals in der Klinik.«

»Soll ich alle meine Termine absagen?«

»Nein, noch nicht, vielleicht beruhigen sich unsere Jungs ja wieder. Immerhin haben sie noch vier Wochen Zeit.« Irgendwie war ich noch nicht darauf eingestellt, dass alles schon zu Ende sein könnte, dass ich meine Babys nun hergeben müsste.

»Fahren wir erst mal in die Klinik. Dann sehen wir weiter«, meinte Thomas mit belegter Stimme.

Am Vormittag hatten wir ohnehin einen Termin in der Frauenklinik zur Kontrolle der Herztöne. Als wir dort eintrafen, kamen die Wehen bereits alle zwei Minuten. Ich wand mich vor Schmerzen, war aber immer noch nicht bereit, mich in den Kreißsaal zu begeben. Außerdem musste ich doch Birhan noch ihr Auto zurückbringen, unser BMW-Combi war in der Werkstatt.

»Willst du dir das wirklich noch zumuten?«, fragte Thomas irritiert.

Ich nickte tapfer. »Ich rufe meine Mutter an. Sie soll mich begleiten.«

»Aber spiel nicht die Heldin! Hast du mich verstanden?! Ich bin gegen Mittag wieder da.«

Birhan wohnt in Plankstatt, zwanzig Kilometer von Dielheim entfernt. Unendlich lang kam mir die Strecke, die ich so oft schon gefahren war, dieses Mal vor. Dennoch ließ ich meine Mutter trotz ihrer Proteste nicht ans Steuer.

»Ich fahre lieber selbst«, wehrte ich ihr Angebot ab. »Ich brauche das Lenkrad, um mich von den Schmerzen abzulenken.«

Birhan fuhr mit uns zurück nach Dielheim. Wieder saß ich am Steuer, obwohl ich bereits alle anderthalb Minuten Wehen hatte. Ich wollte einfach nicht wahrhaben, dass es nun langsam ernst wurde. Noch nicht einmal das Köfferchen hatte ich gepackt. Als wollte ich die bevorstehende Geburt allein schon dadurch hinausschieben.

Thomas, der inzwischen ebenfalls nach Hause gekommen war, wurde zunehmend unruhig. »Schatz, wir fahren jetzt los. Das kann ja keiner mehr mit ansehen!«

»Nein, warten wir noch ein bisschen«, wehrte ich mich immer wieder wie ein störrisches Kind.

Erst als die Hebamme am Telefon meinte, wir sollten schon längst in der Klinik sein, packte ich endlich mein Köfferchen, ließ die Kindersachen aber noch draußen, in der Hoffnung, dass ich wieder nach Hause käme. Im Auto biss ich die Zähne zusammen. »Wenn die Wehen weggehen sollten, fahren wir wieder zurück!«

Thomas sah mich von der Seite an. »Du kannst mir nichts vormachen. Du hast mindestens alle anderthalb Minuten Wehen, ich habe auf die Uhr geschaut.«

»Ich will aber eine Spontangeburt«, grummelte ich.

»Ja, aber nicht im Auto, meine Liebe!« Thomas lachte. »Du bist völlig verrückt.«

Als wir vor der Klinik standen, war mir hundeelend. Ich hatte nicht nur immer heftigere Schmerzen, zu allem Überfluss stellte sich schlimmer als je zuvor die Übelkeit wieder ein. Langsam schwante mir, dass es nun tatsächlich ernst würde.

»Okay, gehen wir«, sagte ich zu Thomas. Ich fühlte mich wie ein Lamm, das man zur Schlachtbank führt.

Ich wurde auf ein Wasserbett gelegt. Eine Hebamme brachte mir Tabletten gegen die Übelkeit, nach denen es mir aber nur noch schlechter ging. Der Muttermund war erst zwei Zentimeter offen.

»Na, das wird noch eine Weile dauern«, meinte die Hebamme und ging wieder.

Ich seufzte und wünschte mir plötzlich, dass alles schon vorbei sei, dass ich meine Söhne im Arm und die Tortur ein Ende hätte. Aber da wusste ich zum Glück nicht, was mich noch alles erwartete. Denn der eine der Zwillinge war ein »Sternengucker«, das heißt, er lag mit dem Kopf zum Bauch hin. Wenn er sich nicht drehte, konnte es Komplikationen geben.

Nach einer Weile sah die Hebamme wieder nach mir.

»Na, hat sich was getan?«

Ich schüttelte den Kopf. Mein Sternengucker dachte nicht daran, sich in die richtige Lage zu begeben. Er hatte allerdings auch wenig Raum zum Drehen, denn die Zwillinge lagen zu eng beieinander. Um sie etwas voneinander zu entfernen, legte mir die Hebamme einen Gürtel um meinen riesigen Bauch. Als sie ihn festzog, stöhnte ich und musste gleichzeitig lachen. Ich sah aus, als sollte ich zwei Ostereier gebären oder wie eine gigantische Kämpferin, die gleich in den Ring steigt – was ja sogar stimmte. Wenig später bekam ich einen Einlauf. Vier Behälter Wasser wurden in mich hineingepumpt. Ich hatte das Gefühl, mein Darm platzt, und schaffte es nur mit Thomas' Hilfe zur Toilette. Anschließend empfahl man uns, draußen noch einen kleinen Spaziergang zu machen. Meine Wehen waren etwas zurückgegangen und kamen nur noch alle zwei Minuten. Thomas war es recht. Er hatte inzwischen Hunger bekommen und holte sich eine Pizza unweit des Klinikums. Ich begleitete ihn, aß aber nichts.

Kurz nach Mitternacht platzte die Fruchtblase mit einem Knall, der mich erschreckte, und eine Flut von Wasser strömte ins Bett. Thomas, der neben mir im Wasserbett lag, war gerade eingeschlafen. Mir war es plötzlich peinlich, so vollkommen nass neben ihm zu liegen. Aber ich musste ihn wecken, denn der Gürtel schmerzte mich dermaßen, dass ich ihn auf der Stelle loswerden wollte. Jetzt gibt es kein Entrinnen mehr, dachte ich.

Wenige Minuten später lag ich im Kreißsaal. Mir war inzwischen so übel, dass ich kaum noch einen klaren Gedanken fassen konnte. Mitfühlend reichte mir die Hebamme Nierenschale um Nierenschale. Doch der Muttermund war nach wie vor nicht weit genug offen, und der Sternengucker hatte sich noch immer nicht gedreht. Als gegen vier Uhr die Herztöne der Kinder schwächer wurden, entnahm der Dienst habende Arzt Blut aus den Köpfen der Kinder, um zu überprüfen, ob sie genügend Sauerstoff erhielten. Ich nahm es kaum wahr, denn mir ging es immer schlechter. Irgendwann hatte ich nur noch Schaum vor dem Mund.

»Willst du wirklich eine Spontangeburt?« Thomas konnte mein Leiden kaum noch ertragen.

Ich biss die Zähne zusammen und nickte. Ich hatte nur diesen einen Gedanken im Kopf: Meine Kinder sollen auf natürliche Weise auf die Welt kommen.

Die Blutwerte der Kinder waren in Ordnung. Es sah allerdings nicht danach aus, als ob sich mein Sternengucker noch bewegen würde.

»Kann man nicht mit einer Zange oder Vakuum was machen?«, hauchte ich. Ich wollte einfach nicht aufgeben.

Der Arzt schüttelte den Kopf: »Selbst wenn uns das gelänge, würden wir so viel Zeit dafür brauchen, dass sein Bruder auf jeden Fall mit Kaiserschnitt geholt werden müsste. Aber wenn Ihnen eine Spontangeburt so wichtig ist, sollten wir vielleicht noch das Urteil des Stationsarztes abwarten.«

An die nächsten vier Stunden habe ich nur verschwommene Erinnerungen. Menschen in Grün, die kamen und gingen, Nierenschalen, die mir gereicht wurden und das sorgenvolle Gesicht von Thomas, in einem Radsitz hängend, der eigentlich für mich gedacht war. Gegen zehn Uhr kam der Oberarzt und der Professor. Mittlerweile stand eine ganze Traube von Personal um mein Bett herum und diskutierte, was das Beste für mich und die Zwillinge wäre: Hebammen, Assistenzärzte, Anästhesisten, Schwestern. Selbst der Professor, der meine Vorgeschichte kannte, hatte sich eingefunden.

»Wir machen jetzt einen Kaiserschnitt«, entschieden schließlich der Oberarzt und der Professor.

Thomas atmete auf: »Gib endlich auf, Schatz. Die Quälerei muss doch mal ein Ende haben.«

Ich war zu kraftlos, um mich weiter wehren zu können. Es hatte auch keinen Sinn mehr. Die Gefahr für den einen der beiden war einfach zu groß.

Während Thomas sich das vorgeschriebene Froschkostüm, überzog, wurde ich für die Operation vorbereitet. Wir hatten uns für eine Periduralanästhesie (PDA) entschieden. Die ersten Betäubungsspritzen hatte ich bereits gegen vier bekommen, weil ich die Schmerzen kaum noch ausgehalten hatte. Nun spritzte man mich nach. Mit einer PDA, die nur meinen Unterleib schmerzunempfindlich machte, würde ich die Geburt miterleben können. Ebenso Thomas, obwohl er große Angst vor dem Risiko einer Querschnittslähmung hatte, das eine PDA mit sich brachte. Doch bei einer Vollnarkose hätte er draußen bleiben müssen, und das wollte er auf keinen Fall. Auch ich war froh, dass Thomas neben mir sitzen durfte, denn ich hatte große Angst vor dem, was nun mit mir passieren würde hinter dem Vorhang, der mich und meinen Mann von der Geburt unserer Kinder abtrennte.

»Gleich hast du es überstanden«, flüsterte Thomas und streichelte mich.

Ich schloss die Augen und nickte.

»Wir schneiden jetzt den Bauch auf«, hörten wir den Arzt sagen, der jeden Handgriff für die Umstehenden kommentierte. Kaum hatte er das Skalpell angesetzt, erbrach ich mich ein letztes Mal. Plötzlich war mir, als sei ich auf einem Schiff. Alles schwankte, und ich hatte das deutliche Gefühl: Jemand reißt mir meine Kinder aus dem Bauch.

Leon, der Sternengucker, kam als Erster. Es war 11.21 Uhr. Zwei Minuten später holte der Arzt Connor heraus. Ein kurzer Blick war mir gewährt, dann brachten die Hebammen unsere Babys auf die Intensivstation. Es war eine Vorsichtsmaßnahme, da sie einen Tag vor Ablauf der Frühchenphase gekommen waren. Thomas begleitete sie. Tränen liefen ihm über die Wangen.

Mir war kalt, unendlich kalt. Warum deckte mich niemand zu? Mit offenem Bauch lag ich wie auf dem Präsentierteller – um mich herum Studenten und Hebammenschülerinnen, deren Fragen der Oberarzt geduldig beantwortete. Er zeigte ihnen meine Blase und erklärte, dass mein Blinddarmschnitt falsch, nämlich gegen das Gewebe, gemacht worden sei. Dann fing er an zu nähen, neun Schichten ab der Gebärmutter. Es dauerte 20 Minuten. Anschließend brachte man mich in den Aufwachraum, wo mich der Anästhesist endlich zudeckte und für mich ein Heizgebläse aufstellte, denn ich fror noch immer erbärmlich.

Ich war allein und langsam begriff ich, dass alles vorbei war, dass wir es geschafft hatten, unsere Söhne lebten und ich tatsächlich Mutter geworden war. Ich schloss die Augen und weinte, vor Glück wie vor Erschöpfung, hemmungslos.

Währenddessen lief Thomas aufgeregt vor der Frühchenstation auf und ab. Man hatte ihm gesagt, dass er seine Söhne in fünf Minuten sehen könne. Doch nun wartete er bereits mehr als eine Viertelstunde, und keine Hebamme ließ sich sehen. Sollte etwas nicht in Ordnung sein mit den Kindern? Hatte man ihn vielleicht vergessen? Endlich holte ihn eine der Hebammen. Es war alles in Ordnung. Wegen anderer Zwillingsgeburten hatte es nur etwas länger gedauert.

Ich hielt meine Söhne erst am Abend im Arm. Thomas hatte mich von der Wöchnerinnenstation abgeholt. Als er mich in den Rollstuhl hievte, hatte ich aufgeschrieen vor Schmerzen. Wenigstens die Übelkeit war ich los. Connor lag rechts und Leon links in meinen Armen, in die sie bis zur Beuge gerade hineinpassten. Beide schliefen. Hin und wieder zuckte etwas in ihrem Gesicht, als würden sie schon träumen.

Wie klein sie mir vorkamen, obwohl ihr Geburtsgewicht, Leon wog 2 890, Connor 2 215 Gramm, für Zwillinge beachtlich war. Ich schaukelte und küsste sie und konnte mich nicht satt sehen an ihren zarten Fingern, den feinen Nasen, den hübschen Köpfchen, die keine Zangengeburt verunstaltet hatte. Schon jetzt waren Ähnlichkeiten mit Thomas und mir erkennbar. Connor hatte Thomas' Mund geerbt, die kecke Nase, Leon mein rundes Gesicht und meine Lippen. Ich war dankbar und glücklich – und gleichzeitig traurig, dass ich sie nun in die Welt entlassen musste. Neun Monate lang hatte ich sie Tag und Nacht in meinem Bauch behütet. Da hatten sie nur mir gehört. Jetzt würde ich sie mit vielen anderen Menschen teilen müssen.

Ich legte sie in ihr Wärmebettchen und ließ mich von Thomas auf die Wöchnerinnenstation bringen. Kaum lag ich, kamen die Schmerzen wieder.

Am nächsten Morgen stillte ich meine Kinder das erste Mal, zuerst einzeln, später den einen an der linken und den anderen an der rechten Brust, wenn sie gleichzeitig Hunger hatten. Es war ein Gefühl, das ich nie vergessen werde. Sie tranken problemlos, Connor saugte sich fest wie ein kleiner Vampir, Leon verhielt sich vorsichtiger. Schon jetzt spürte ich deutlich, wie unterschiedlich ihre Charaktere waren. Connor schien zupackend, fast draufgängerisch, Leon zurückhaltend und sensibel. Ich schaute sie an und konnte es einfach nicht fassen.

Ich fieberte danach, endlich nach Hause zu dürfen. Die Geburt war am Donnerstag, dem 4. September, gewesen. Montag, sagte man mir, könne ich die Klinik verlassen. Den Kindern ging es gut. Also stand dem nichts entgegen – bis auf Thomas, der gar nicht erfreut schien, als ich ihm am Telefon meine Ankunft mitteilte. »Ne, oder? Kannst du nicht noch bis Dienstag bleiben?«

Ich war enttäuscht. Da strebt man sechs Jahre lang nichts anderes an als ein gemeinsames Kind, geht durch tiefste Täler bis an die Grenzen des medizinisch wie körperlich und seelisch Möglichen, dann ist endlich der sehnlichste Wunsch erfüllt, unsere Kinder liegen in meinen Armen – und da sagt mir mein Mann, dass er uns noch nicht sehen will! Ich legte auf und weinte. Ich verstand die Welt nicht mehr. Als ich mich ein wenig beruhigt hatte, rief ich ihn wieder an und sagte nur knapp: »Ich komme morgen, ob es dir passt oder nicht.«

Sah so unser Anfang als Eltern aus?

Mit einem mulmigen Gefühl im Bauch packte ich am nächsten Morgen meine Kinder ein. Thomas holte uns ab. Sein Gesicht strahlte, doch ich sah ihn kaum an. Noch immer war mir die Brust wie zugeschnürt. Als wir vor unserem Haus aus dem Auto stiegen, wusste ich, weshalb ich noch einen Tag länger in der Klinik bleiben sollte. Über der Tür hing ein riesiges Transparent: »Herzlich willkommen!« stand darauf, und an den Fenstern klebten ausgeschnittene Störche und zwei Babys mit den Namen Leon und Connor darunter. Wie hatte ich meinen Thomas verkannt! Die ganze Nacht war er zugange gewesen, um rechtzeitig mit seiner Überraschung fertig zu werden. Tränen der Erleichterung liefen über meine Wangen.

»Holen wir die Jungs aus dem Auto«, sagte ich mit belegter Stimme.

Jeder mit einem Baby auf dem Arm betraten wir unsere Wohnung. Es kam mir vor, als wäre ich auf einer Weltreise gewesen und als ein anderer Mensch zurückgekehrt.

Unser Glück schien vollkommen: Wir waren zu Hause, auch wenn ich ein wenig fremdelte mit meinen Söhnen, die nun nicht mehr in meinem Bauch strampelten, sondern friedlich in ihren Körbchen lagen. Immer wieder sah ich sie an, sagte, wie um mich selbst zu überzeugen: »Das sind deine Kinder, und du bist jetzt Mutter.«

Ab dem Nachmittag war ich bereits allein mit ihnen und pausenlos beschäftigt mit Stillen, Windeln und Wäsche. Thomas arbeitete. Sein Versprechen, eine Woche nach der Geburt bei uns zu bleiben, hatte er nicht halten können. Er wollte bei seinen Schülern sein, die ihre Prüfungen ablegten.

Thomas Entscheidung irritierte mich. Ich dachte an die Zukunft. Würde mein Dasein als Mutter so aussehen wie an diesem ersten Tag?

KAPITEL 20

Schreien und Lachen im Duett

Acht Monate später. Connor sitzt in seinem Stühlchen und brabbelt Volksreden, Leon rollt durch das Wohnzimmer und juchzt. Auf dem Tisch stehen angefangene Breigläser. Ein dezenter Duft nach nicht mehr ganz frischen Windeln durchzieht die Wohnung. Ich habe das Gefühl, ein halbes Leben liegt hinter mir. Sollte es wirklich einmal eine Zeit gegeben haben, in der ich keine Kinder hatte, in der ich Zeit für mich, zum Nachdenken oder gar Grübeln hatte? Unvorstellbar! Leon und Connor haben mich mit jeder Faser meines Körpers in Beschlag genommen. All meine Gedanken kreisen um sie.

Unser Computer zeigt als Bildschirmschoner ein Foto meiner Söhne. Gerade drei Monate alt stecken sie wie eine Nikolausüberraschung nackt in riesigen roten Stoffstiefeln, deren weißer Pelzrand ihren Bauch kitzelt: Connor mit Schmollmund, sichtlich unzufrieden mit der ungewohnten Hülle, Leon freundlich in die Kamera blickend, die Hand wie zum Gruß erhoben. Leon ist weich und geduldig. Wenn er schreit, dann nie aus Langeweile. Dann hat er wirklich ein Problem, und ich muss ihn sofort hochnehmen, sonst beruhigt er sich sehr lange nicht. In den ersten Monaten ließ er sich nur von mir füttern. Wenn Thomas ihm die Flasche geben wollte, schrie er. Connor hingegen begrüßte seinen Vater mit einem Lächeln und ließ sich gern von ihm versorgen, weshalb Thomas bald beim Heimkommen als Erstes zu ihm ging. Heute ist es umgekehrt. Connor lässt sich nur von mir beruhigen, während Leon seinen Papa bevorzugt. Das wird sich wohl immer wieder ändern.

Die beiden Brüder sind so verschieden. Manchmal lacht Connor, wenn sein Bruder schreit. Oft stecken sie einander aber auch an, und dann brauche ich gute Nerven, um den Geräuschpegel zu ertragen. Connor ist aktiver und immer zu Blödsinn aufgelegt, wirft seine Windel durch die Gegend oder seinen Schnuller. Stecke ich ihm aus Versehen einmal Leons Schnuller in den Mund, spuckt er ihn beleidigt aus. Schon jetzt hat er einen Blick, bei dem man das Gefühl hat, er denkt: ›Was könnte ich jetzt mal anstellen?‹ Einmal war er besonders schlecht drauf, und ich sagte im Spaß zu ihm: »Heute reicht's mir, heute bist du mein Verkaufskind.« Woraufhin er lachte, sein Bruder aber weinte, obwohl er gar nicht gemeint war. Connor ist auch nicht so kuschelig wie Leon. Wenn er Zärtlichkeit braucht, fordert er die lautstark ein und bohrt dann kurz, aber intensiv seinen Kopf an meinen Hals.

Es ist so spannend, ihr unterschiedliches Temperament, ihre Besonderheiten im Charakter zu verfolgen. Wir lernen uns gegenseitig kennen, unsere Stimmungen, gute wie schlechte Laune. Jeder Tag birgt irgendeine kleine Überraschung. Manchmal liegen auch meine Nerven blank. Doch wenn ich dann schimpfen möchte, brauche ich meine Söhne nur anzusehen, und mein Ärger schmilzt dahin. Manchmal singe ich lauthals für sie oder rede Unsinn, um sie zum Lachen zu bringen. Ich rede überhaupt oft mit ihnen, und wir haben viel Spaß miteinander. Dennoch hatte ich mir vorher nicht vorstellen können, wie anstrengend das Leben mit den Zwillingen für mich sein würde. Denn Thomas' Fahrlehrerausbildung fordert ihn mehr, als ich mir vorgestellt hatte. Morgens geht er aus dem Haus und kommt abends oft erst gegen halb zehn wieder. Zwischendurch ist er eine halbe Stunde, manchmal auch ein oder sogar zwei Stunden zu Hause. Dann spielt er mit seinen Söhnen oder geht mit ihnen spazieren, vor allem sonntags, wenn er ausnahmsweise keine Fahrstunden geben muss oder selbst Unterricht hat. Mir reicht das nicht an gemeinsamer Zeit. Haben wir so lange auf Kinder gewartet, nur damit ich dann mehr oder weniger den ganzen Tag und selbst beim Ins-Bett-Bringen allein mit ihnen bin? Wenn Thomas am Wochenende einmal nicht arbeitet und die Kinder etwas mehr betreut, schläft er abends auf der Couch ein vor Müdigkeit, und dabei muss er nur selten nachts aufstehen, sobald eins der Kinder schreit. Selbst wenn er es wollte, er hört sie gewöhnlich nicht, obwohl Leon wirklich laut schreien kann. Hat Thomas ein Kind auf dem Arm, kann er sich kaum noch um sich selbst kümmern. Allein mit den Zwillingen, würde er glatt verhungern und verdursten.

Da er selten da ist, fällt es ihm verständlicherweise schwer, einen bestimmten Umgang und Rhythmus mit den Kindern zu finden. Ohne ihn geht es oft viel ruhiger zu. Kommt Thomas nach Hause, bringt er alles durcheinander, sein Kommen und Gehen ist eben sehr unregelmäßig. Vielleicht wäre sonst auch eine bessere Arbeitsteilung mit den Kindern möglich. So aber ist er unsicher im Umgang mit ihnen. Wenn er sich um eins der Kinder kümmern soll, fragt er permanent: »Was soll ich jetzt machen? Soll ich ihn jetzt hinlegen? Soll ich ihn wickeln?«

»Frag nicht«, antworte ich dann, »mach einfach, was du denkst. Es wird schon richtig sein.« Ich finde es wichtig, dass er *seinen* Weg im Umgang mit Leon und Connor findet. Ich möchte ihm da nicht dreinreden, denn ihre Beziehung miteinander wird auf jeden Fall eine andere sein, als ich sie mit den Zwillingen habe. Und das ist gut so. Aber eine enge Vater-Sohn-Beziehung zu den beiden aufzubauen, das wird ihm wohl erst gelingen, wenn seine Ausbildung zu Ende ist und er mehr Zeit mit ihnen verbringen kann.

Nicht nur, dass Leon und Connor im Moment noch zu wenig von ihrem Vater haben, auch ich selbst komme zu kurz. Das Gefühl, Zeit für mich zu haben, ist mir abhanden gekommen. Seit Monaten liegt ein Kosmetikgutschein bereit, den ich nicht einlösen kann, geschweige denn, dass ich es schaffe, zum Friseur zu gehen. Soll ich dort etwa mit zwei Kindern auf dem Schoß vor dem Spiegel sitzen? Zum Glück kenne ich aus dem Krankenhaus eine andere Zwillingsmama, die mich hin und wieder zu Hause frisiert. Ihre zwei Mädchen wurden am selben Tag wie Leon und Connor geboren, was uns bis heute verbindet.

Manchmal laufe ich bis zum Mittag im Nachthemd herum, esse und trinke gewöhnlich mit einem Kind auf dem Arm, denn einer von beiden schreit oder nörgelt fast immer. Der Computer steht verwaist, kein Chatten im Kinderwunschforum mehr, kein Beantworten von E-Mails. Meine ganze Kraft brauche ich für meine Kinder und den Haushalt. Abends, wenn Thomas nach Hause kommt, bin ich oft müde und reagiere genervt, wenn Thomas etwas von mir will. »Du bist so komisch seit der Geburt«, sagt Thomas dann manchmal. »Aus jeder Mücke machst du einen Elefanten.« Aber ich bin einfach zu erschöpft, um noch ein angenehmer Partner am Abend zu sein. Die Wohnung in Ordnung zu halten, Waschen, Bügeln und Kochen und mich obendrein stundenlang von meiner Ghostwriterin interviewen zu lassen, das ist nahezu ein Vierundzwanzigstundenjob.

»Du musst darüber berichten, was du alles erlebt und auf dich genommen hast. Du bist eine Galionsfigur für viele, die ähnliche Probleme haben.« So oder anders – viele hatten mich ermutigt, ein Buch zu schreiben. Doch solange ich vergeblich versuchte, schwanger zu werden, konnte ich mich nicht dazu entschließen. Die Interviews mit den Journalisten hatten mir gereicht. Doch nun, da sich mein Kinderwunsch endlich erfüllt hat, habe ich tatsächlich das Bedürfnis, von meinen Erfahrungen zu erzählen. Aber auch das kostet Zeit und Kraft, denn unsere ganze Geschichte, das ständige Hoffen und Bangen, die unendlich vielen Enttäuschungen … Alles steht mir wieder lebendig vor Augen. Erinnern ist Arbeit und manchmal eine sehr schmerzhafte.

Mitte Dezember habe ich mich sterilisieren lassen. Als ich Doktor Breitbach von meinem Vorhaben erzählte, konnte er das nur schwer nachvollziehen: »Weshalb gehen Sie so strikt vor? Erst setzen Sie 14 Jahre lang Himmel und Hölle in Bewegung und nun schneiden Sie im wahrsten Sinne des Wortes alle Wege ab?«

»Ich will auf Nummer sicher gehen«, antwortete ich. »Denn im November war ich drei Wochen lang in heller Panik gewesen, ich könnte wieder schwanger sein. Bis mich endlich meine Regel erlöste. So fröhlich hatte ich noch nie meine Blutung begrüßt.«

Nachdem ich abgestillt hatte, da meine Milch nicht reichte, war die Gefahr, dass es plötzlich auf normalem Wege klappen könnte, durchaus gegeben. Beispiele dafür kenne ich genug. Ich vertrug keine Pille, ein Kondom hatte ich noch nie in der Hand, und Thomas sterilisieren zu lassen, kam für mich nicht in Frage. Er selbst hätte weniger Probleme damit gehabt. Aber mich peinigte die irrationale Angst, dass seine Sexualität dann nicht mehr so wie bisher funktionieren könnte. Diese Vorstellung löste einen ähnlichen Schrecken aus wie den, schon zwei Monate nach der Geburt wieder schwanger zu sein. Wir hatten einmal während des Eisprungs miteinander geschlafen, obwohl mich noch am Vormittag mein Gynäkologe gewarnt hatte: »Sehen Sie sich heute aber vor, Frau Schork!« Doch kaum hatte ich die Wohnung betreten, waren seine Worte vergessen. Thomas hatte zufällig keinen Dienst, und plötzlich war unsere Lust aufeinander so intensiv …

Was Sex und Zärtlichkeit angeht, so sind wir auch nach der Geburt noch genauso verrückt wie früher. Die Zeit dafür nehmen wir uns, und sei es nur, dass Thomas mir die Füße krault, wenn eins der Kinder auf meinem Arm ist. Daran hat sich nichts geändert. Es gibt sogar eine gewisse Steigerung, da wir eine stärkere innere Verbundenheit und Innigkeit spüren. Aber dass die Verhütung ein Problem werden könnte, daran dachten wir in den ersten Monaten nicht. Sicher, die Wahrscheinlichkeit einer Spontanschwangerschaft war gerade bei mir äußerst gering. Doch ein Restrisiko blieb, und das wollte ich im Interesse meiner Kinder nicht eingehen. Da eine Abtreibung für mich nicht in Frage käme, würde ich niemandem mehr gerecht werden können. Wer würde sich um die Zwillinge kümmern, wenn ich dann eine ähnlich strapaziöse Schwangerschaft wie bei ihnen erlebte? Thomas war dazu nicht in der Lage. Er musste unser Geld verdienen. Gar nicht auszudenken, wie wenig Zeit und vor allem Kraft und Nerven ich danach für drei oder gar vier Kinder oder ein behindertes hätte! Das wollte ich uns nicht zumuten, nicht meinen Wunschzwillingen, für die ich so viel gelitten hatte, nicht mir selbst und schon gar nicht unserer Ehe. Man soll das Schicksal nicht herausfordern. Und wenn ich eines Tages wirklich noch ein weiteres Kind haben möchte – ein Mädchen hätte ich schon noch gern –, würde ich nach meinen bisherigen Erfahrungen um eine künstliche Befruchtung sicher nicht herumkommen. Und dann ist es egal, ob meine Eileiter durchtrennt sind oder nicht.

Der operative Eingriff für die Sterilisation selbst nahm mich aber mehr mit, als ich erwartet hatte. Schon Wochen vorher hatte ich mich auf die – wie ich hoffte – erholsame Zeit im Krankenhaus gefreut. Endlich, nach fast einem Jahr, die Schwangerschaft eingerechnet, könnte ich ausschlafen und es würde sich jemand einmal nur um mich kümmern. Ich sah es quasi als eine Art wohlverdienten Kurzurlaub. Thomas müsste rund um die Uhr für die Zwillinge da sein. Und nicht nur für sie, denn voraussichtlich wären auch seine Kinder aus erster Ehe an jenem Wochenende darauf zu Besuch. Selbst wenn ich wieder zu Hause wäre, könnte ich mich in meinem geschwächten Zustand einfach nur auf die Couch legen und Thomas zusehen. Ein klein wenig schadenfroh wünschte ich mir sogar, dass Leon und Connor besonders schwierig wären. Damit er einfach einmal am eigenen Leibe erfährt, wie es mir ergeht und sich dann nicht mehr wundert, wenn ich abends am Ende meiner Kräfte und nörgelig bin.

So dachte ich mir das. Doch als ich aus der Narkose aufwachte, glaubte ich, im falschen Film zu sein. Mir war so übel wie während der Schwangerschaft, ich hatte Kopfschmerzen wie nach dem Unfall und Blutungen in einer Stärke, wie ich sie nach den Vorgesprächen mit den Ärzten in keiner Weise erwartet hatte. Das sollte meine Erholung sein? Dennoch wurde ich auf Anweisung der Stationsärztin, die mich gar nicht weiter untersucht hatte, noch am selben Tag wieder aus der Klinik entlassen.

Zu Hause war an gemütliches Hinlegen nicht zu denken. Ich brachte es ja doch nicht übers Herz, Thomas ganz allein die Kinder zu überlassen, da ich ihr Geschrei auf Dauer nicht ertragen konnte. Als am Abend die Schmerzen immer schlimmer wurden, ebenso die Blutungen, rief ich den Arzt an, der mich operiert hatte und schilderte ihm meinen Zustand.

»Können Sie mir eine Erklärung dafür geben?«

»Das besprechen wir morgen bei der Visite. Ich sehe Sie ja dann«, antwortete er mir.

»Wie meinen Sie das?«, fragte ich irritiert. »Ich bin doch längst zu Hause!«

Der Arzt fiel aus allen Wolken. Wie er mir dann erklärte, war bei der Endoskopie meine Bauchdecke verletzt worden. Man war auf eine fünf Zentimeter dicke Schicht von Verwachsungen gestoßen, die sich nicht so einfach entfernen ließ. Ich wurde ambulant weiterbehandelt und musste nicht noch einmal ins Krankenhaus. Doch es dauerte über vier Wochen, bis die Blutungen endlich aufhörten und die Narbe am Bauchnabel nicht mehr eiterte und nässte.

»Dir bleibt einfach nichts erspart«, meinte Thomas, der froh war, mich wieder an seiner Seite zu haben. »Wie hältst du das nur immer durch?«

Als Leon und Connor fünf Monate alt waren, hatten wir unseren ersten richtigen Streit nach der Geburt. Ich hatte mich schon gewundert, dass es bei all der Belastung nicht bereits früher dazu gekommen war. Leon und Connor hatten Bronchitis. Sie schrien und husteten sich die Seele aus dem Leib – und Thomas war nicht da, jedenfalls nicht für die Kinder und mich. Tagsüber hatte er einen Fahrschüler nach dem anderen, selbst am Wochenende, und nachts schlief er wie ein Murmeltier. Was meine Nächte betrifft, so hatten mich die Kinder bis dahin verwöhnt. Connor schlief schon mit fünf Wochen durch, drei Wochen später auch Leon. Doch wenn sie krank sind, weiß ich nicht, zu welchem Kind ich zuerst gehen soll, um es zu trösten oder mit Hustenbalsam zu versorgen. Wie eine Marionette laufe ich dann hin und her. Und bei der ersten Bronchitis von Leon und Connor konnte ich tagsüber noch nicht einmal die Wohnung verlassen, da Thomas unser Auto verkauft hatte. Es war bereits das zehnte, seit wir zusammen sind. Wir hatten das zwar schon länger ins Auge gefasst. Aber musste es gerade jetzt sein?

Nach ein paar Tagen lagen meine Nerven blank und irgendwann explodierte ich: »Ich komme mir vor wie im Knast!«, schrie ich. »Den ganzen Tag sehe ich nur meine vier Wände und meine Kinder. Und wo bist du? Dass du tagsüber weg bist, kann ich ja verstehen. Aber dass da jeden Abend noch ein wichtiger Termin ist, das geht nicht. Das muss sich ändern, sonst kann ich auch allein leben. Denn noch jemanden, den ich versorgen muss, der mir aber keine Hilfe ist, brauche ich absolut nicht!«

Ich war selbst überrascht über den letzten Satz. Thomas, der mir sonst normalerweise heftig Kontra gibt, erwiderte nichts darauf. Er sah mich nur an, seine Schultern hingen herab, als hätte ich einen schweren Stein gegen seine Brust geworfen. Erst nach längerem Schweigen sagte er leise: »Du weißt doch, dass ich es für euch tue. Ich muss meine Prüfungen vorbereiten. Sie belasten mich. Ich habe Angst davor. Deswegen mach ich vielleicht mehr als notwendig. Hab noch ein wenig Geduld. Im April ist ja alles vorbei.« Fahrig strich er mit der rechten Hand über seine kurz geschorenen Haare.

»Außerdem das Theater mit meiner Ex, meine Kinder, die ich im Moment nicht sehen darf …«

Er tat mir plötzlich Leid, wie er so hilflos dastand und die Welt nicht mehr begriff. Ja, er hatte viel um die Ohren, und die Probleme mit seiner Exfrau belasteten ihn mehr, als ich wahrhaben wollte. Und dennoch – auch ich hatte ein Recht auf meine Bedürfnisse.

»Ich versteh dich ja. Aber ich muss auch sehen, wo ich bleib«, sagte ich etwas sanfter. »Mir würde es schon helfen, wenn ich eine Nacht in der Woche nicht aufstehen müsste und du die Kinder tröstet. Und könntest du nicht deine Fahrstunden so legen, dass du nur dreimal abends weg bist und nicht täglich? Jedenfalls, bis deine Prüfungen vorbei sind. Das ist doch alles eine Frage der besseren Planung, oder?«

Thomas nickte. Aber er wirkte noch immer ein wenig ratlos.

»Du musst dir wirklich mehr Zeit nehmen für die Familie. Sonst weiß ich nicht, wie das weitergehen soll mit uns. Wir *zusammen* wollten Kinder, nicht ich allein.«

»Ich krieg das schon hin, Schatz … hoffe ich.« Er sah mich nicht an dabei. Sein Blick war aus dem Fenster gewandert, als stünde dort geschrieben, wie er das schaffen sollte. »Ab Mai wird alles anders.«

Ich wurde einmal gefragt, was mir nach allem, was hinter mir liegt, wichtiger wäre: die Kinder oder meine Ehe mit Thomas. Meine Kinder sind wichtig für mich, habe ich geantwortet. Mein Mutterglück kann mir keiner mehr nehmen. Dennoch können Leon und Connor niemals den Platz von Thomas einnehmen. Viele junge Mütter machen diesen Fehler und sehen nur noch ihre Kinder. Ohne dass sie es bewusst so wollen, nehmen sie ihren Mann kaum noch wahr, drängen ihn hinaus aus der neuen kleinen Familie, die sie doch gemeinsam gewollt haben. Gerade für mich ist nach all den Hürden, die ich für unsere Zwillinge genommen habe, diese Versuchung besonders groß. Doch meine Kinder sind eines Tages erwachsen und gehen aus dem Haus. Dafür erziehe ich sie, ich möchte, dass sie lernen, auf eigenen Füßen zu stehen, dass sie etwas aus ihrem Leben machen. Mein Mann aber bleibt mir – vorausgesetzt, es gelingt uns, eine gute Beziehung zu erhalten. Doch dafür müssen er und ich viel tun. Das ergibt sich nicht von allein, nur weil wir Eltern geworden sind. Wenn wir zum Beispiel essen und uns unterhalten, dann gehört diese Zeit uns, dann lassen wir uns vom Gebrabbel oder Schreien der Zwillinge nicht immer stören. Wir springen nicht bei jedem Mucks auf und vergessen dabei, worüber wir gerade gesprochen haben. Manche wundern sich darüber: »Wie kannst du nur?«

Dann sage ich: »Natürlich möchte ich nicht, dass sie schreien. Aber Leon und Connor müssen auch lernen, sich in Geduld zu üben. Wir können unser Leben nicht ausschließlich nach ihnen richten.«

Wenn Thomas und mir das nicht so klar wäre, wäre unsere Ehe sicher bald gefährdet. Kinder sollten die Freiräume ihrer Eltern genauso respektieren lernen, wie umgekehrt Eltern akzeptieren müssen, dass Kinder kein Besitz sind, sondern eigenständige Wesen. Man muss sie loslassen können. Als die Zwillinge sechs Wochen alt waren, habe ich sie bereits Birhan anvertraut, die zwei Stunden mit ihnen spazieren ging. Mit vier Monaten ließ ich Leon und Connor einmal drei Stunden bei ihr, als ich dringend etwas erledigen musste. Ich rief auch nicht an zwischendurch, ob es ihnen gut ginge. Birhan würde sich melden, wenn dem so wäre. »Wie kannst du nur?«, hörte ich wieder. Aber ich vertraute ihr, da ich wusste, dass sie gut bei ihr aufgehoben sind. Das Loslassen fängt vom ersten Tag der Geburt an und nicht erst irgendwann später.

GLOSSAR

Akrosomale Proteinase-Reaktion: eine spezielle Spermienuntersuchung. Das Akrosom ist eine Art Kappe oder Hütchen. Es umgibt den Kopf des Samenfadens, in dem sich notwendige Stoffe (Enzyme) befinden, die es ermöglichen, in die Eizelle einzudringen. Fehlt es, ist eine Befruchtung einer Eizelle nur mit einer ICSI möglich.

Akupunktur: Mit Metallnadeln werden erkrankten Organen zugeordnete Hautabschnitte gestichelt (punktiert). Das mehr als 2 000 Jahre alte chinesische Heilverfahren kann den Menstruationszyklus der Frau positiv beeinflussen, und damit für einen regelmäßigeren Eisprung sorgen und die Durchblutung der Gebärmutter verbessern. Wie stark sich Akupunkturbehandlungen jeweils auswirken, ist allerdings bislang nicht in systematischen Studien untersucht.

Antagonisten-Protokoll: Hierbei kommen Medikamente zum Einsatz, die die Funktion der Hirnanhangsdrüse blockieren. Gelegentlich erfolgt die Gabe zu einem festen Zeitpunkt (z.B. am siebten Tag der Stimulation) oder ab einer bestimmten Follikelgröße, bei der die Wahrscheinlichkeit besteht, dass demnächst ein Eisprung eintritt. Bei Patientinnen mit einem PCO-Syndrom kommt es durch die späte Downregulation zunächst zu einer unbeeinträchtigten

Stimulation der Eierstöcke, man kann also auch sehr niedrige Dosierungen wählen, um Überstimulationen zu vermeiden. Außerdem kommt es gegen Ende der Stimulation zu einer nachhaltigen Unterdrückung der oft erhöhten LH-Werte und zu einer Bremsung der oft überschießenden Follikelbildung. Insofern ist die Stimulation bei diesen schwierigen Patientinnen besser steuerbar. Eine andere Gruppe sind die *low responder,* also Patientinnen, die nur sehr schlecht auf die Stimulation reagieren. Diese werden der bremsenden Funktion der Downregulation sehr spät ausgesetzt und die limitierten Eierstocksreserven werden nicht weiter beeinträchtigt und können voll genutzt werden.

Antikörper (siehe auch Lymphozystenantikörper): Spezielles Protein des Immunsystems, das vom Körper produziert wird und auf fremde Substanzen (Antigene) reagiert. Eine Frau kann Antikörper gegen das Sperma ihres Partners bilden, in manchen Fällen bildet der Mann auch Antikörper gegen seine eigenen Spermien.

Bauchspiegelung: Mit einem kleinen Schnitt im Bereich des Bauchnabels wird eine spezielle Kamera in den Bauch eingeführt, damit die inneren Organe betrachtet werden können. Man kann mit Farbstoff dann auch die Eileiterdurchgängigkeit überprüfen. Die Bauchspiegelung wird unter Narkose durchgeführt.

Blastozyste: Embryo, der schon mehrere Tage alt ist (ca. fünf) und bereits im Zentrum eine kleine Zyste aufweist. Ein Transfer in diesem Stadium soll Vorteile bringen gegenüber dem üblichen Transfer nach zwei bis drei Tagen.

Chromosomenanalyse: Chromosomen sind Träger der Erbsubstanz. Der Mensch hat 46. Davon sind zwei Geschlechtschromosomen, beim Mann X und Y, bei der Frau zweimal X. Mittels der Chromosomenanalyse können Krankheiten des Erbguts vorgeburtlich diagnostiziert werden.

Cerclage: Umschlingung des Muttermundes; operativer Verschluss des Gebärmutterhalses zur Vermeidung von Fehlgeburten

Downregulierung: Unterdrückung des eigenen Hormonhaushalts

Eileiterschwangerschaft: Implantation des Embryos außerhalb der Gebärmutterhöhle, meistens im Eileiter (Tubengravidität)

Einnistung: Rund sechs Tage nach der Befruchtung überzieht sich die Gebärmutterwand mit Zuckermolekülen. Gleichzeitig bildet der Embryo auf der Oberfläche Biomoleküle, die leicht an Zucker binden. »Man muss sich den Embryo wie einen rollenden Tennisball auf einer mit Sirup bestrichenen Oberfläche vorstellen« (Susan Fisher in: *Science*, Bd. 299, S. 405). Durch den Kleber wird der Embryo immer langsamer und bleibt schließlich an der Gebärmutterwand haften. Dort nistet er sich ein und bildet die Plazenta, über die er sich mit Nährstoffen aus dem Blut der Mutter versorgt.

Ejakulat: enthält die Spermien sowie das Sekret der Samenbläschen und der Prostata, der Vorsteherdrüse. Diese produziert ein Sekret als Bestandteil des Ejakulats.

Embryo: Nach neuerem Gebrauch das Resultat der Befruchtung einer Ei- durch eine Samenzelle. Früher wurde die befruchtete Eizelle als Zygote bezeichnet.

Embryotransfer: Übergabe des im Reagenzglas erzeugten Embryos bei der Reagenzglasbefruchtung in die Gebärmutterhöhle

Embryonenschutzgesetz: Dieses Gesetz regelt den gewissenhaften Umgang mit entstehendem menschlichem Leben und verhindert Missbrauch jeder Form. So ist beispielsweise festgelegt, dass in der In-vitro-Fertilisation (IVF) nur dafür ausgebildete, das heißt, spezialisierte Ärzte arbeiten. Verboten ist in Deutschland im Rahmen der IVF-Behandlung die Übertragung von mehr als drei Embryonen, die Eizellspende an Dritte, die Leihmutterschaft und die Selektion von Embryonen. Die Kryokonservierung von Vorkernstadien (Pronukleusstadien) ist erlaubt. Die Kryokonservierung von Embryonen ist besonderen Indikationen vorbehalten und erfordert die Meldung an die zuständige Ethikkommission der jeweiligen Landesärztekammer.

Endokrinologie: Lehre von der inneren Sekretion, also von den Hormonen

Endoskopie: griechisches Wort für »Hineinschauen«. Endoskope sind Instrumente, mit denen Hohlräume innerhalb des Körpers betrachtet werden können; es ist daher mit dem Endoskop möglich, beispielsweise das Innere des Magens (Gastroskopie) oder den Bauchraum (Laparoskopie) zu untersuchen.

Eskimo: Andere Bezeichnung für den eingefrorenen Embryo im Pronukleusstadium

Follikel: Eibläschen, das sich am Eierstock bildet. In jedem Zyklus wächst normalerweise ein Follikel heran, in dem sich die Eizelle entwickelt und im Rahmen des Eisprungs in den Eileiter zur Befruchtung entlassen wird.

Fruchtwasseruntersuchung: genetische Untersuchung des Kindes. Es wird durch die Bauchdecke etwas Fruchtwasser entnommen. Anschließend werden die darin enthaltenen kindlichen Zellen untersucht.

Gelbkörperhormon (Progesteron): Wichtigstes Hormon der zweiten Zyklushälfte. Entsteht am Eierstock nach dem Eisprung. Wenn die Eizelle den Follikel verlassen hat, bildet sich durch einsprießende Gefäße ein Gelbkörper, der das Gelbkörperhormon bildet.

Gonadotropin (GnRH *Gonadotropin releasing hormone*): Hormon des Hypothalamus, das die Ausschüttung des LH (Hormon der Hirnanhangsdrüse, das den Eisprung bei einem reifen Eibläschen bewirkt) und FSH (Follikel stimulierendes Hormon, das die Eizellreifung am Eierstock bewirkt) in der Hirnanhangsdrüse steuert und somit letztlich die Funktion der Eierstöcke

Hatchen/Hatching *(Assisted Hatching):* Hierbei wird die Hülle des Embryos angeritzt (z.B. mit einem Laser), was ihm das Verlassen der Hülle und möglicherweise auch die Einnistung erleichtert.

HCG-Wert *(human Chorion Gonadotropin)*: Wert für die Bestimmung des Schwangerschaftshormons. Gonatropin wird in leicht abgewandelter Form bei der Hormontherapie zum Auslösen des Eisprungs gegeben.

Hirnanhangsdrüse: Organ an der Schädelbasis, mit dem Gehirn verbunden. Es produziert eine Vielzahl von Hormonen, mit welchen zahlreiche andere Organe gesteuert werden (Eierstöcke, Schilddrüse, Nebennieren usw.).

Hormone: Botenstoffe, die von einem hormonproduzierenden Organ gebildet werden und meist über die Blutbahn das Zielorgan erreichen (z.B. Hirnanhangsdrüse). Bekannte Beispiele sind Östrogen und Progesteron.

Hypothalamus: Zwischenhirn. Reguliert die Funktion der Hirnanhangsdrüse über Ausschüttung von Gonadotropinen.

ICSI (Intracytoplasmatische Spermieninjektion): Dabei wird im Rahmen einer Reagenzglasbefruchtung ein einzelner Samenfaden in eine Eizelle eingespritzt und somit eine Befruchtung erreicht. Wird bei sehr schlechter Spermienqualität angewandt.

Immunisierung: Behandlung bei wiederholten Fehlgeburten, wenn ein fehlgeleitetes Immunsystem die Ursache hierfür ist oder sein könnte

Insemination: Einspritzen von Spermien in die Gebärmutter. Dies geschieht meist erst, nachdem die Spermien durch spezielle Aufbereitungsmethoden vorbehandelt wurden.

Dabei wird das Ejakulat von den Bestandteilen befreit, die aus Prostata und Samenbläschen stammen. Außerdem werden durch diese Technik nur die gut beweglichen Spermien aussortiert.

In-vitro-Fertilisation (IVF): Reagenzglasbefruchtung. Außerhalb des weiblichen Körpers werden Eizelle und Spermien zusammengebracht, die Eizelle befruchtet und die entstehenden Embryonen in die Gebärmutter übergeben.

Kosten für künstliche Befruchtung (seit Januar 2004): Gesetzlich krankenversicherte Kinderwunschpaare müssen 50 Prozent der Behandlungs- und Medikamentenkosten selbst bezahlen. Die Zahl der bezuschussten Versuche wurde von vier auf drei Behandlungszyklen reduziert.

Leistungsberechtigt sind Frauen zwischen 25 und 40 Jahren, Männer zwischen 25 und 50 Jahren.

Das IVF-Zentrum erstellt einen Behandlungsplan pro Reproduktionsfall (maximal acht Inseminationen in nicht stimulierten Zyklen oder drei Inseminationen in stimulierten Zyklen oder drei IVF- oder ICSI-Zyklen). Dieser beinhaltet sowohl die ärztlichen Leistungen, die Arzneimittelkosten sowie Fremdleistungen. Die Leistungen sollen ab 1.1.2004 bundesweit einheitlich vergütet werden, d.h. die Preise für die Behandlung sind überall in Deutschland gleich.

Auf Grund der neuen Arzneimittelpreisverordnung sinken die Bezugspreise der Hormonpräparate für die Kinderwunschbehandlung. Es gibt nur noch marginale Preiunterschiede in den europäischen Ländern. Die Sozialregelung, nach der die Ausgaben für medizinische Behandlungen zwei Prozent des Bruttoeinkommens nicht überschreiten dürfen, gilt nicht für Behandlungen der künstlichen Befruchtung.

Kryo/Kryokonservierung: Um »überzählige Eizellen« (man spricht von imprägnierten Eizellen oder Vorkernstadien) zu sichern, werden sie in flüssigem Stickstoff bei –170°C tiefgefroren. Durch einen gesteuerten Prozess des Einfrierens und späteren Auftauens wird die Lebensfähigkeit des Material im Normalfall nicht zerstört.

Künstliche Befruchtung: Assistierte Reproduktion. Der Begriff ist jedoch nicht korrekt. Oft wird auch eine Insemination oder IVF als künstliche Befruchtung bezeichnet, jedoch ist die Befruchtung hier nicht künstlich, bei der IVF ist nur der Ort künstlich. Eigentlich gilt dieser Begriff nur für die ICSI.

Lymphozystenantikörper: siehe Antikörper

Molekulargenetische Untersuchung: Untersuchung der physikalisch-chemischen Eigenschaften der Gene

Mutationen: spontane oder künstlich erzeugte Veränderungen im Erbgefüge

Östradiolwerte: siehe Östrogen

Östrogen: vereinfacht: weibliche Hormone. Es gibt zwar keine »weiblichen« und »männlichen« Hormone, aber Östrogene sind bei der Frau in sehr viel höheren Blutspiegeln vorhanden. Das bekannteste Östrogen ist das Östradiol, welches ausschließlich im reifenden Eibläschen gebildet wird.

PCO-Syndrom: Neigung zu Zysten beziehungsweise zur Überproduktion von Follikeln (siehe Überstimulation)

Periduralanästhesie (PDA): Die Periduralanästhesie ist eine Form der Regionalanästhesie. Als Synonym wird auch der Begriff Epiduralanästhesie verwendet. Die Schmerzausschaltung erfolgt im Wirbelsäulenkanal, in unmittelbarer Nähe des Rückenmarks und seiner spezifischen Strukturen. Diese Methode bewirkt eine segmentale sympathische, sensorische und motorische Nervenblockade an den Wurzeln der so genannten Spinalnerven. Das Betäubungs- oder Schmerzmittel kann exakt an dem Ort zu Wirkung kommen, an dem diese beabsichtigt ist.

Pronukleuszellen/Pronukleus-Stadium: Zellen im Vorkernstadium. Am ersten Tag nach der Befruchtung zeigen sich die beiden Kerne von Spermium und Eizelle vor der endgültigen Verschmelzung noch einmal getrennt.

Punktion: Eizellentnahme im Rahmen der Reagenzglasbefruchtung. Mit einer Nadel wird unter Ultraschallsicht in die Follikel gestochen und die Flüssigkeit mit den Eizellen abgesaugt.

Reproduktionsmedizin: Teil der Medizin, der sich mit den Mechanismen der Fortpflanzung (Reproduktionsbiologie), ihren Störungen, Erkennungs- und Behandlungsmöglichkeiten befasst

Samenbläschen: Drüse, die den Spermien ein Sekret zusetzt, das die Überlebensfähigkeit in der Scheide verbessert

Schwangerschaftshormon: siehe HCG

Selektierung: hier Auswahl von Embryonen oder Kryos, die für eine Befruchtung besonders geeignet scheinen

Spermiogramm: Untersuchung des Ejakulats; die wichtigsten Parameter sind: Zahl, Beweglichkeit und Zustand der Spermien

Sterilisation: Definitive »Unfruchtbarmachung« von Mann oder Frau. Bei der Frau werden dazu die Eileiter im Rahmen einer Bauchspiegelung verschlossen und beim Mann durch einen kleinen Schnitt am Hoden die Samenleiter.

Sterilitätstherapie: operative Eingriffe, um Sterilitätsursachen zu beseitigen, z.B. Beseitigung von Verwachsungen an Eileitern, Eierstöcken und in der Gebärmutter

Sterilität: im weitesten Sinne, die Unfähigkeit, Kinder zu bekommen. Der Begriff gilt für das Paar, allerdings kann auch ein Mann oder eine Frau aus bestimmten Gründen steril sein. Unterschieden wird davon die Infertilität, damit wird die Fähigkeit, schwanger zu werden, bei gleichzeitiger Unfähigkeit, die Schwangerschaft auszutragen, beschrieben.

Stimulation: Förderung des Heranreifens von Follikeln, z.B. durch Hormone

Thrombose: Blutpfropfbildung innerhalb der Blutgefäße, insbesondere der Venen

Überstimulationssyndrom: Komplikation der Hormonbehandlung. Stark vergrößerte Eierstöcke mit Wasseransammlungen im Bauch und Thrombosegefahr sind die Hauptprobleme.

Zervix (Gebärmutterhals): Die Drüsen des Gebärmutterhalses bilden zyklusabhängig ein Sekret, das den Spermien das Eindringen in die Gebärmutter erleichtern soll. Unmittelbar vor dem Eisprung ist es sehr flüssig (spinnbar) und nimmt an Menge zu.

HÄUFIGE FRAGEN

Welche Ursachen für Unfruchtbarkeit sind die häufigsten?

Männliche Unfruchtbarkeit ist eine der Hauptursachen, gefolgt von Eisprungproblemen, das heißt, hormonellen Problemen der Frau. Auch verschlossene Eileiter oder Einnistungsstörungen können Ursachen der Unfruchtbarkeit bei Frauen sein. Bei einer großen Gruppe der Paare (zehn bis fünfzehn Prozent) ist auch mit verschiedenen Untersuchungen eine Ursache für den unerfüllten Kinderwunsch nicht feststellbar. Man spricht in diesem Fall von einer idiopathischen Sterilität, also einer Unfruchtbarkeit, die nach heutigem Wissensstand nicht erklärbar ist.

Welche Rolle spielt das Alter der Frau?

Leider eine viel wesentlichere, als viele Paare wissen. Nach dem 30. Lebensjahr sinkt die Fruchtbarkeit der Frau, ab 40 liegt sie nur noch bei zehn Prozent. Die meisten Frauen, die zu uns kommen, sind jenseits der dreißig und haben gewöhnlich einen Beruf. Und darin liegt das Hauptproblem, dass man – anders als es in der DDR möglich war oder in vielen europäischen Ländern immer noch ist – in Deutschland heute Kinderwunsch und Karriere nur schwer vereinbaren kann. Diesen Weg dennoch zu gehen, setzt bedauerlicherweise eine gewisse Leidensfähigkeit voraus. Man sollte daher die Frauen auf die Verminderung der Fruchtbarkeit verstärkt hinweisen. In Amerika macht man das. Dort gibt es Kampagnen, die junge Frauen darüber aufklären, dass das beste Alter, um Kinder zu bekommen, zwischen 20 und 30 ist.

Welche Verfahren gibt es, um Sterilitätsursachen herauszufinden?

Im Rahmen einer so genannten Basisdiagnostik sollte ein Spermiogramm durchgeführt werden und bei der Frau eine Überwachung des Zyklus. Letzteres ist mit einer Temperaturkurve auch in Eigenregie leicht machbar. Sollte die Spermienqualität in Ordnung sein und ein Eisprung bestehen, dann ist auch eine Untersuchung der Eileiterdurchgängigkeit sinnvoll, die man mit Hilfe einer Bauchspiegelung oder auch eines speziellen Ultraschalls abklären kann. Findet man bei diesen Basisuntersuchungen keine Ursachen für die Sterilität, dann sind weiterführende diagnostische Maßnahmen (Hormonbestimmung, Spermienfunktionstests etc.) notwendig.

Welche Ursachen kann es haben, wenn trotz optimaler Voraussetzungen bei einer Reagenzglasbefruchtung keine Schwangerschaft eintritt? Welche Untersuchungen sind zur Abklärung möglicher Ursachen notwendig?

Es kann daran liegen, dass bei einem der Partner eine genetische Veränderung vorliegt, dazu wird eine Chromosomenanalyse durchgeführt. Dabei werden die Chromosomen gezählt und nach ihrem Aussehen beurteilt. Bei dieser Analyse werden keine einzelnen Gene getestet, sondern es wird die Morphologie untersucht, also Aussehen und Struktur. Wenn man schon mal Bilder davon gesehen hat, so kennt man die kleinen Streifen, deren Anordnung bestimmte Hinweise auf Defekte sein können.

Um Ursachen für eine gestörte Einnistung der befruchteten Eizelle bei der Frau herauszufinden, ist eine Gebärmutterspiegelung angezeigt. Damit können anatomische Ursachen ausgeschlossen werden. So z.B. Myome in der Gebärmutter oder angeborene Fehlbildungen: Die Gebärmutter wächst aus zwei Gängen, den so genannten Müller'schen Gängen, zusammen. Wenn diese unvollständig verschmelzen, dann gibt es Septen, kleine dünne Wände, die schlecht durchblutet sind. Nistet sich der Embryo dort ein, dann kann er nur kurze Zeit überleben. Wegen der mangelnden Blutversorgung wird er relativ schnell abgestoßen, oft schon vor dem Schwangerschaftstest, sodass sie eben noch nicht einmal registriert werden kann. In solchen Fällen ist meist eine operative Korrektur des Uterus notwendig.

Außerdem können bestimmte Gerinnungsstörungen Fehlgeburten auslösen oder möglicherweise die dauerhafte Einnistung eines Embryos verhindern. Diese sind mit Hilfe einer molekulargenetischen Untersuchung erkennbar (s. u.)

Welche Rolle spielt die Körperabwehr für die Einnistung?

Durch immunologische Ursachen, das heißt, wenn die Körperabwehr nicht so funktioniert, wie sie sollte, kann eine Einnistung ebenfalls verhindert werden. Eine Schwangerschaft besteht ja zu 50 Prozent aus körperfremdem Gewebe (dem väterlichen Anteil der Schwangerschaft). Daher ist es eigentlich natürlich, dass das Immunsystem auf die Schwangerschaft entsprechend reagiert und diese abstößt. Die Natur hat dagegen Mechanismen entwickelt, welche eine solche Abstoßung verhindern. Bei manchen Frauen sind diese Mechanismen jedoch nicht ausreichend ausgeprägt. Es kommt dann zu wiederholten Fehlgeburten oder zu Problemen bei der Einnistung (z.B. auch im Rahmen einer Reagenzglasbefruchtung). Man nimmt an, dass es bei solchen Frauen durchaus zu einer Einnistung kommt, die Frucht jedoch sehr früh wieder abgestoßen wird, so früh, dass der Schwangerschaftstest gar nicht erst positiv wird. Es gibt spezielle Untersuchungen, welche diese Problematik erklären können. Sollte sich he-rausstellen, dass immunologische Gründe vorliegen können, weshalb eine Einnistung nicht oder nur sehr kurz stattfindet, dann ist eine entsprechende Therapie möglich. Die Immunisierung ist eine davon, dabei werden weiße Blutkörperchen des Partners unter die Haut der Frau gespritzt. Dies bewirkt eine Veränderung am Immunsystem, insbesondere die Ausbildung so genannter »schützender Antikörper«, welche eine Einnistung begünstigen können. Diese Methode ist umstritten und wissenschaftlich nur unzureichend abgesichert, was nicht heißen soll, dass sie nicht erfolgreich sein kann.

Was ist eine molekulargenetische Untersuchung?

Hier werden einzelne Gene untersucht. Behinderungen kann man ausschließen, wenn diese durch ein Gen hervorgerufen werden – so kann man z.B. untersuchen, ob eine Blutgerinnungsstörung vorliegt, die eine Einnistung verhindern kann.

Was genau bedeutet eine »Sperma-Allergie«?

Eine Sperma-Allergie gibt es eigentlich nicht. Es gibt Antikörper, die man gegen Spermien haben kann. Zirka 30 Prozent der Frauen der Sterilitätspaare haben diese Antikörper, ohne dass man daran jedoch eine eindeutige Ursache für die Unfruchtbarkeit festmachen kann. Was allerdings zu diesen Antikörpern im Blut noch hinzukommen kann, ist eine Unverträglichkeit zwischen den Spermien und dem Gebärmutterhalssekret der Frau, die in einem Postkoitaltest feststellbar ist. Aber auch hier gibt es keinen wissenschaftlich gesicherten ursächlichen Zusammenhang mit der Unfruchtbarkeit.

Das so genannte Überstimulationssyndrom während der Hormonbehandlung vor der künstlichen Befruchtung ist für viele Frauen ein großes Problem. Wie hat sich der Hormonmarkt in den letzten Jahren entwickelt? Gibt es da einschneidende Neuentwicklungen?

Eine wesentliche Neuentwicklung ist, dass die Substanzen wesentlich reiner werden, da sie gentechnisch hergestellt werden und dadurch exakter dosierbar sind. Damit ist die Wirkung auch besser vorhersehbar. Auch bei der Downregulation, der Unterdrückung des Eisprungs, gibt es Neuerungen, mit deren Hilfe man individuellere, feinere Stimulationen durchführen kann.

Welche Folgen der Gesundheitsreform sind seit Januar 2004 in den Kinderwunschpraxen zu spüren?

Die Anzahl der künstlichen Befruchtungen bei gesetzlich Versicherten ist um bis zu 50 Prozent gesunken. Privatpatienten haben allerdings weiterhin einen unveränderten Versicherungsschutz. Ungewollt kinderlose Paare, die gesetzlich versichert sind, müssen jetzt die Hälfte der gesamten anfallenden Kosten übernehmen – bei der ICSI ist dies besonders teuer. Viele müssen die Behandlung auch innerhalb des gesetzlichen Versicherungsschutzes komplett selbst bezahlen, wenn das Paar z.B. nicht verheiratet ist, die Frau unter 25 Jahre oder der Mann über 50 ist. Das macht die Patienten kritischer gegenüber den Leistungen, die angeboten werden. Sie vergleichen mehr, überlegen sich die Sache gründlicher, gehen nicht in die nächstgelegene Praxis, sondern nehmen weitere Wege in Kauf.

Aber selbst Kliniken, die einen guten Ruf besitzen mit hohen Schwangerschaftsraten, haben 20 Prozent weniger Zulauf. Zunehmend lassen sich Paare auch im Ausland behandeln. Außerdem wird die Mehrlingsschwangerschaftsrate steigen, denn immer mehr Frauen werden sich, um eine maximale Erfolgschance zu haben, bei der IVF oder ICSI die Höchstzahl von drei Embryonen einsetzen lassen. Ebenso wird die Behandlung mit Spendersamen ansteigen. Bisher führen die Samenbanken in Deutschland eine etwas stiefmütterliche Existenz, was sicher juristische Gründe hat. Aber anstatt z.B. einer ICSI-Behandlung kann man für das gleiche Geld mehrere Spermienbehandlungen machen lassen.

Sind durch die Zunahme der künstlichen Befruchtungen in den letzten Jahren die Mehrlingsschwangerschaften gestiegen?

Von den Patienten, die beispielsweise in Bad Münder schwanger werden, bekommen 25 Prozent Mehrlinge, Drillinge werden nur ein- bis zweimal pro Jahr geboren, das ist unter einem Prozent.

Sollte auch in Deutschland die Selektion von Embryonen, also eine gezielte Auslese nach Qualität, wie sie z.B. in Österreich gehandhabt wird, eingeführt werden?

Ja, denn man würde vielen Frauen viel Leid und Enttäuschung ersparen können, wenn man nur die Embryonen einsetzte, die auch wirklich eine voraussehbare Chance haben. Aber anstatt das deutsche Gesetz dem der meisten europäischen Länder anzupassen, finden nun rückwärtsgewandte Gesetzesänderungen statt. In Italien ist das bereits geschehen und in Österreich ist es in Planung.

Haben Blastozysten, also Embryos, die sich vor dem Transfer mehr als drei Tage im Reagenzglas entwickelten, tatsächlich eine höhere Chance der Einnistung?

Es gibt keine Studie, die wirklich beweisen würde, dass Embryonen, die man am dritten Tag in die Gebärmutter der Frau zurückgibt, besser seien als die, die man nach drei Tagen transferiert. Dieser Embryonaldarwinismus, die Embryonen länger im Brutschrank zu lassen, wo sie sich eher unwohl fühlen, bis die »schwachen« sterben und die »starken« überleben, ist durch einige aktuelle Studien sogar widerlegt worden. Aber die Selektion am dritten Tag z.B., die ist sinnvoll und wäre in Deutschland wünschenswert.

Welchen Einfluss hat die Psyche auf die Fruchtbarkeit?

Einen geringeren, als man gemeinhin annimmt. Die Psyche ist nicht das Entscheidende. Sicher ist sie beteiligt, aber nicht so, dass man sagen kann: Wenn nur der Knoten platzt, dann klappt es. Was auf jeden Fall stimmt, ist, dass die Kinderwunschbehandlung selbst eine große Belastung für die Psyche sein kann.

Wann sollte ein Arzt Kinderwunsch-Paaren empfehlen, die Behandlung abzubrechen?

Das ist jeweils nur sehr individuell zu entscheiden. Kriterien könnten sein: das Alter – wenn eine Frau jenseits der 45 ist; die Kosten – wenn ein Arzt spürt, dass die Familie sich mit den künstlichen Befruchtungen finanziell ruiniert; Beziehungsprobleme des Paares – wenn der Arzt registriert, dass das Kind eigentlich zum Kitten einer gestörten Beziehung herhalten soll; medizinische Grenzen – wenn mehr als sechs bis sieben Behandlungen nichts gefruchtet haben oder auch schon früher, wenn der Verlauf der Behandlungen keinen Anlass gibt, auf einen Erfolg zu hoffen.

Für die Beantwortung der Fragen dankt der Verlag Dr. Elmar Breitbach, Frauenarzt und Spezialist für Endokrinologie und Reproduktionsmedizin an der Deutschen Klinik in Bad Münder.

ADRESSEN UND LINKS

Kinderwunschzentren, geordnet nach Bundesländern

Sachsen

Universitätsklinikum Carl Gustav Carus
Klinik und Poliklinik für Frauenheilkunde und Geburtshilfe
Prof. Dr. med. Wolfgang Distler
Fetscherstraße 74
01307 Dresden
Tel.: 03 51/4 58-34 20

Universitätsfrauenklinik Leipzig
Zentrum für Humane Reproduktion und Gynäkologische Endokrinologie
Prof. Dr. med. Henry Alexander
Philipp-Rosenthal-Straße 55
04103 Leipzig
Tel.: 03 41/97 23-410

Sachsen-Anhalt

Klinikum der Medizinischen Fakultät
Martin-Luther-Universität
Halle-Wittenberg
Klinik für Geburtshilfe und Reproduktionsmedizin
OÄ Dr. med. Petra Kaltwasser
Klinikum Kröllwitz
Ernst-Grube-Straße 40
06097 Halle (Saale)
Tel.: 03 45/5 57-25 30 /-27 47

Otto-von-Guericke-Universität Magdeburg
Klinik für Reproduktionsmedizin und Gynäkologische Endokrinologie

Prof. Dr. med. Jürgen Kleinstein
Dr. med. Ingrid Nickel
Gerhart-Hauptmann-Straße 35
39108 Magdeburg
Tel.: 03 91/6 71 73 90

Thüringen

Gemeinschaftspraxis Dr. Fritzsche und Partner
Dr. med. Heidi Fritzsche
Dipl. med. J. P. Reiher
Fr. Dr. Hoffmann
Markt 4
07743 Jena
Tel.: 0 36 41/82 96 80/10

Berlin

Praxis für Kinderwunschbehandlung am Innsbrucker Platz
Babette Remberg
Dr. Susanne Tewordt-Thyselius
Hauptstraße 65
12159 Berlin
Tel.: 0 30/ 85 75 79 30
E-Mail: praxis@hormonconcept.de

Fertility Center Berlin
Zentrum für Kinderwunschtherapie
Dr. med. Milan Stoyanov
Prinzenallee 90
13357 Berlin
Tel.: 0 30/2 13 30 80

Mecklenburg-Vorpommern

Praxiszentrum Frauenheilkunde
Reproduktionsmedizin
PD Dr. med. habil. Müller

Frau Annette Busecke
Südring 81
18057 Rostock
Tel.: 03 81/44 01 20 30
E-Mail: frauenklinik@med.uni-rostock.de

Hamburg

Gynaecologicum Hamburg
Praxis für gyn. Endokrinologie und Reproduktionsmedizin
Altonaer Straße 59
20357 Hamburg
Tel.: 0 40/30 68 36 0
E-Mail: kollegen@ivf-hamburg.de

Kinderwunschzentrum Hamburg
Dr. Semsettin Kocak
Admiralitätsstraße 4
20459 Hamburg
Tel.: 0 40/38 60 55 50
E-Mail: info@kinderwunschzentrum-hamburg.de

Endokrinologikum Hamburg
Zentrum für Gynäkologische Endokrinologie und Reproduktionsmedizin
Lornsenstraße 6
22767 Hamburg
Tel.: 0 40/3 06 28-313
E-Mail: info@endokrinologikum.com

Schleswig-Holstein

Universitätskliniken Schleswig-Holstein
Campus Lübeck
Klinik für Frauenheilkunde und Geburtshilfe
Prof. Dr. med. Klaus Diedrich
Dr. Askan Schultze-Mosgau
Ratzeburger Allee 160
23538 Lübeck
Tel.: 04 51/5 00-21 58

Universitätskliniken Schleswig-Holstein
Campus Kiel
Sektion Endokrinologie und Reproduktionsmedizin
Prof. Dr. Med. Liselotte Mettler
Michaelisstraße 16
24105 Kiel
Tel.: 04 31/5 97-21 00
E-Mail: endooffice@email.uni-kiel.de

Bremen

Zentrum für Kinderwunschbehandlung
Emmastraße 220
28213 Bremen
Tel.: 04 21/21 90 64

Evangelische Diakonissenanstalt Bremen
Gröpelinger Heerstraße 406-408
28239 Bremen
Tel.: 04 21/61 02-0

Niedersachsen

TKO
Dr. med. Saif Jibril
Dr. med. Gerhard Pohlig
Steinweg 2-4
26122 Oldenburg
Tel.: 04 41/24 89 091
E-Mail: tko@telmed.de
www.teamkinderwunsch.de

Deutsche Klinik Bad Münder
Zentrum für Reproduktionsmedizin
Fachübergreifende Gemeinschaftspraxis Reproduktionsmedizin und gynäkologische Endokrinologie
Hannoversche Straße 24
31848 Bad Münder
Tel.: 0 50 42/9 40-300
www.kinderwunsch.com

Georg-August-Universität Göttingen
Frauenklinik
Arbeitsgruppe Reproduktionsmedizin
Robert-Koch-Straße 40
37075 Göttingen
Tel.: 05 51/39 81 31

Nordrhein-Westfalen

Zentrum für Reproduktionsmedizin
Völklinger Straße 4
40219 Düsseldorf
Tel.: 02 11/90 19 713

Städtisches Krankenhaus Benrath
Dr. Christian Gnoth
Urdenbacher Allee 83
40593 Düsseldorf
Tel.: 02 11/9 97 14 41

Zentrum für Fortpflanzungsmedizin Bochum
Frau Yvonne Giesner
Frauenärztin Reproduktionsmedizin und Endokrinologie
Hellweg 2
44787 Bochum
Tel.: 02 34/61 06 54 03
E-Mail: info@ivfbochum.de

Universitätsklinikum Essen
Klinik für Frauenheilkunde und Geburtshilfe
Prof. Dr. Rainer Kimmig
Hufelandstraße 55
45122 Essen
Tel.: 02 01/7 23-2440

Evangelisches Krankenhaus Mülheim an der Ruhr
Frauenklinik und Zentrum für Reproduktionsmedizin
Wertgasse 30
45468 Mülheim
Tel.: 02 08/3 09 25 01

Gemeinschaftspraxis
Dr. med. Sebastian Palm
Dr. med. Volker Sasse
Dr. med. Irene Pütz
Dr. med. Mirko Dannhof
Zeppelinstraße 1 (Neumarkt-Galerie)
50667 Köln
Tel.: 02 21/27 76 200

Klinik und Poliklinik für Frauenheilkunde und Geburtshilfe der Universität zu Köln
Bereich Reproduktionsmedizin und Gynäkologische Endokrinologie
Kerpener Straße 34
50931 Köln
Tel.: 02 21/4 78 49 59

IVF-Zentrum Bonn
Praxisklinik für Gynäkologische Endokrinologie und Reproduktionsmedizin
Prof. Dr. med. Hans H. van der Ven
Theaterplatz 18
53177 Bonn
Tel.: 02 28/3 50 39 10

Rheinland-Pfalz

Universitäts-Frauenklinik der Johann-Gutenberg-Universität Mainz
PD Dr. med. R. Seufert,
Prof. Dr. med. H. Kölbl
Langenbeckstraße 1
55101 Mainz
Tel.: 0 61 31/17-73 11

Hessen

Kinderwunschpraxis Dr. V. Delavre
Facharzt für Frauenheilkunde
Zeppelinallee 95
60487 Frankfurt
Tel.: 0 69/70 94 04

Frauenklinik Klinikum Darmstadt
Reproduktionsmedizinisches und Endometriosezentrum
Grafenstraße 9
64283 Darmstadt
Tel.: 0 61 51/1 07 61 51

IVF-Zentrum Wiesbaden
Praxis Dr. med. M. Schorsch, Th. Hahn und Partner
Mainzer Straße 98-102
65189 Wiesbaden
Tel.: 06 11/9 76 32-0

Saarland

BRZ
Bundesverband reproduktionsmedizinischer Zentren Deutschlands e. V.
Dudweilerstraße 58
66111 Saarbrücken
Tel.: 0681/37 35 51
www.repromed.de
E-Mail: brz@repromed.de

Baden-Württemberg

Kinderwunschzentrum Heidelberg
Dr. Waltraud Maletz-Kehry
Dr. Suat Parta
Dr. Hans Hinderer
Friederike Tesarz
Dr. Daniela Seehaus
Römerstraße 3
69115 Heidelberg
Tel.: 0 62 21/89 30 00
www.kwz-heidelberg.de_

Praxis Dr. Maleika
Dr. med. Fred Maleika
Lessingstraße 9
70174 Stuttgart
Tel.: 07 11/2 26 13 44

Praxis Prof. Dr. Ute Fuchs
IVF-Labor
Kornbergstraße 23
70176 Stuttgart
Tel.: 07 11/2 26 27 28

Praxis Dr. Mayer-Eichberger
Reproduktionsmedizin
Herdweg 69
70174 Stuttgart
Tel.: 07 11/22 10 84

Uni-Frauenklinik Tübingen
Zentrum für Kinderwunsch
Calwerstraße 7
72076 Tübingen
Tel.: 0 70 71/2 98 31 17

Aalener IVF-Zentrum
Gartenstraße 1/1
73430 Aalen
Tel.: 0 73 61/6 20 21

Margaritenhospital
Weißensteiner Straße 33
73525 Schwäbisch Gmünd
Tel.: 0 71 71/91 23-0

Dr. Johann Costea
Marktplatz 5/1
73728 Esslingen
Tel.: 07 11/31 05 91-62

Karlsruher IVF-Programm
Gemeinschaftspraxis Dr. Volker Wetzel und Partner
AG für Fortpflanzungsmedizin
Kaiserstraße 142-144
76133 Karlsruhe
Tel.: 07 21/2 39 41

Klinikum der Albert-Ludwigs-Universität Freiburg
Department Universitäts-Frauenklinik
Endokrinologie, Reproduktionsmedizin

Hugstetter Straße 55
79106 Freiburg
Tel.: 07 61/2 70-31 87

IVF-Zentrum Ulm
Praxis Dr. med. Friedrich Gagsteiger
Einsteinstraße 59
89077 Ulm
Tel.: 07 31/1 51 59-0
E-Mail: info@ivf-zentrum.de
www.ivf-zentrum.de

Universitäts-Frauenklinik
PD Dr. med. Michael Weigel
Herr M. Schüler
Theodor-Kutzer-Ufer 1-3
68167 Mannheim
Tel.: 06 21/3 83-36 38

Bayern

Zentrum für Reproduktionsmedizin
Gemeinschaftspraxis
Dr. med. Walter Bollmann
Dr. med. Thomas Brückner
Dr. med. Ulrich Noss
Tal 11
80331 München
Tel.: 0 89/24 22 95-0
E-Mail: info@ivf-bbn.de

Zentrum für donogene Insemination
Dr. med. Michael Poluda
Valpichlerstraße 45
80686 München
Tel.: 0 89/56 53 00

Dr. Jan van Uem
Michael-Vogel-Straße 1e
91052 Erlangen
Tel.: 0 91 31/80 95-0

Institut für Reproduktionsmedizin Deggendorf
Herr Dr. med. Kloiss
Frau Dr. med. Bernhardt
Stadtfeldstraße 50
94469 Deggendorf
Tel.: 09 91/2 62 06

Universitätsfrauenklinik Würzburg
Kinderwunschsprechstunde
Josef-Schneider-Straße 4
97080 Würzburg
Tel.: 09 31/2 01 256 19

DANKSAGUNG

Mein herzlicher Dank gilt Dr. Breitbach, Birhan und all den anderen, die immer an mich gedacht haben und die mir Hoffnung und Mut gaben. Swantje Steinbrink danke ich für die freundliche Betreuung, und mein Dank richtet sich an meine Co-Autorin Manuela Runge für ihr Einfühlungsvermögen und das Verständnis während unserer gemeinsamen Arbeit.

Ganz besonderer Dank geht natürlich an meinen Mann Thomas, der mir stets den Mut, die Kraft und die Liebe gab, um meinen größten Wunsch nun heute in meinen Armen halten zu dürfen: Leon und Connor.

Die unermessliche Trauer um ein tot geborenes Kind

Friederike Rosenfeld
ICH HÄTTE DICH SO GERN GEKANNT
Für meine Tochter Regine, die starb, bevor sie auf die Welt kam
Erfahrungen
256 Seiten
ISBN 3-404-61519-0

Schwanger! Friederike Rosenfeld ist überrascht, aber sie freut sich sehr über das unverhoffte Glück. Obwohl ihr Freund sich kurz darauf von ihr trennt, ist sie fest entschlossen, das Kind auszutragen. Doch es ist von Anfang an auffällig ruhig, und Ende des vierten Monats steht fest, dass das Herz ihres Kindes aufgehört hat zu schlagen. In ihrer Trauer und Verzweiflung erfährt Friederike zu ihrem Entsetzen, dass sie ihr totes Kind unter Wehen gebären muss.